LA BÚSQUEDA DE
GOBI

DION LEONARD

LA BÚSQUEDA DE
GOBI

UNA MARAVILLOSA
HISTORIA REAL

UNA PERRITA CON
UN GRAN CORAZÓN

con CRAIG BORLASE

HarperCollins *Español*

Este libro está basado en eventos reales de la vida del autor. En ciertos lugares, sin
embargo, el autor ha decidido cambiar algunos de los nombres de las personas con
las que tuvo contacto.

Editora en Jefe: *Graciela Lelli*
Traducción: *Belmonte traductores*
Adaptación del diseño al español: *Grupo Nivel Uno, Inc.*

ISBN: 978-0-71809-877-3

Impreso en Estados Unidos de América
17 18 19 20 21 DCI 6 5 4 3 2 1

Para mi esposa, Lucja.
Sin tu incansable apoyo, dedicación y amor,
esto nunca habría sido posible.

PRÓLOGO

EL EQUIPO DE CÁMARAS TERMINÓ ANOCHE; ALGUIEN de la editorial llega mañana. Aún puedo sentir el *jet lag* y otros efectos secundarios de llevar cuarenta y una horas de viaje en mi cuerpo, así que Lucja y yo hemos decidido ya hacer que esta, nuestra primera carrera del año, sea fácil; además, no solo tenemos que pensar en nosotros dos. Hay que tomar en consideración a Gobi.

Tomamos las cosas con calma al pasar frente al pub, bajar por el lado del Palacio de Holyrood, y ver el claro cielo azul que cede el paso al monte cubierto de verde que domina el horizonte de Edimburgo: Arthur's Seat. Yo he subido hasta ahí más veces de las que puedo recordar, y sé que puede ser brutal. El viento puede ser tan fuerte de cara, que te empuja hacia atrás, y el granizo puede golpearte la piel como si fueran cuchillos. En días como esos, ansío los 49 ºC de calor del desierto.

Pero hoy no hay ni viento ni granizo. No hay nada brutal en el aire mientras ascendemos, como si el monte quisiera presumir en toda su gloria ante el cielo claro y sin nubes.

En cuanto pisamos la hierba, Gobi se transforma. Esta perrita que es lo bastante pequeña para que pueda llevarla bajo un brazo se convierte en un león feroz mientras va subiendo la cuesta.

—¡Vaya! —dice Lucja— ¡Mira qué energía tiene!

Antes de que yo pueda decir nada, Gobi se gira, con su lengua fuera, los ojos brillantes, las orejas hacia delante y sacando pecho. Es como si ella entendiera exactamente lo que ha dicho Lucja.

—Aún no has visto nada —digo yo a la vez que subo un poco el ritmo del paso en un intento por soltar la presión que hace la correa—. Así se comportaba cuando estábamos en las montañas.

Ascendemos un poco más, más cerca de la cumbre. Estoy pensando que, aunque le puse el nombre de un desierto, vi por primera vez a Gobi en las cuestas frías y accidentadas del Tian Shan. Ella es una verdadera escaladora, y con cada paso que damos se aviva cada vez más. Poco después, mueve la cola tan rápidamente que se desdibuja, y todo su cuerpo salta y palpita de pura alegría. Cuando ella vuelve a mirar hacia atrás, yo podría jurar que está sonriendo. Dice: *¡Venga! ¡Vamos!*

En la cumbre, me empapo de todos esos paisajes tan familiares. Delante de nosotros se despliega todo Edimburgo, y más allá está el Puente Forth, las colinas de Lomond, y el camino West Highland, y yo he corrido cada uno de sus 154 kilómetros. También puedo ver North Berwick, a distancia de una maratón completa. Me encanta correr a lo largo de la playa, incluso en los días duros cuando el viento intenta derribarme y siento que cada kilómetro es toda una batalla en sí mismo.

Han pasado más de cuatro meses desde que estuve aquí. Aunque todo resulta muy familiar, también hay algo diferente.

Gobi.

Ella decide que ya es momento de descender, y me arrastra bajando la colina. No por el sendero, sino en línea recta. Yo voy saltando sobre penachos de césped y piedras del tamaño de maletas, y Lucja va siguiendo el ritmo detrás de mí. Gobi las sortea todas ellas con gran destreza. Lucja y yo nos miramos y reímos, disfrutando el momento que habíamos anhelado de ser una familia y poder correr juntos.

Por lo general, correr no es tan divertido como hoy; de hecho, para mí correr nunca es divertido. Quizá gratificante y satisfactorio, pero no tan divertido que te hace reír. No como es ahora.

Gobi quiere seguir corriendo, así que le dejamos que ella dirija. Nos lleva donde ella quiere ir, a veces otra vez más arriba en el monte, y otras veces hacia abajo. No hay ningún plan, ni tampoco una ruta predeterminada. Tampoco hay preocupaciones ni problemas. Es un momento despreocupado, y por eso y muchas otras cosas estoy agradecido.

Después de los últimos seis meses, siento que lo necesito.

He enfrentado cosas que nunca pensé que enfrentaría, todo ello debido a este pequeño manchón de pelo color marrón que tira de mi brazo como si me lo fuera a sacar. He encarado temor como nunca antes he conocido; también he sentido desesperación, del tipo que deja viciado y sin vida el aire que te rodea. He enfrentado la muerte.

Pero esa no es la historia completa. Hay mucho más.

Lo cierto es que esta pequeña perrita me ha cambiado de maneras que creo que tan solo comienzo a comprender. Quizá nunca llegue a entenderlo del todo.

Sin embargo, sé lo siguiente: la búsqueda de Gobi fue una de las cosas más difíciles que he hecho jamás en mi vida.

Pero ser encontrado por ella, eso fue una de las mejores cosas.

PARTE 1

1

DESPUÉS DE ATRAVESAR LAS PUERTAS DEL AERO-
puerto me encontraba en China. Hice una pausa y permití que mis
sentidos pudieran encajar el fuerte golpe de ese caos. Mil motores que
aceleraban en el estacionamiento se enfrentaban en batalla contra mil
voces que me rodeaban mientras la gente gritaba a sus teléfonos.

Las señales estaban escritas en caracteres chinos y también en lo
que me parecía ser árabe. Yo no sabía leer ninguno de los dos idiomas,
así que me uní a la multitud de cuerpos que supuse que estaban esperando un taxi. Yo era treinta centímetros más alto que la mayoría de las
personas, pero por lo que a ellos respectaba, yo era invisible.

Estaba en Urumqi, una ciudad en rápido crecimiento en la provincia de Xinjiang, en lo alto de la esquina superior izquierda de China.
Ninguna ciudad del mundo está tan lejos de un océano como Urumqi,
y mientras llegábamos por aire desde Beijing, observaba cómo cambiaba
el terreno: de ser montañas abruptas y nevadas a ser vastos trechos de
desierto vacío. En algún lugar allí abajo, un equipo de organizadores
de carreras había trazado una ruta de 250 kilómetros que acogía esas
cumbres heladas, vientos incesantes, y el monte bajo adusto y con matorral conocido como el Desierto de Gobi. Yo iba a cruzarlo corriendo,
realizando un poco menos de una maratón al día durante cuatro días,

después casi dos maratones el quinto día, y correr durante una hora a toda velocidad en la etapa final de diez kilómetros que pondría fin a la carrera.

Se denomina «ultramaratones» a este tipo de carreras, y es difícil pensar en una prueba más brutal de resistencia mental y física. Personas como yo pagamos miles de dólares por el privilegio de hacernos soportar pura agonía, perdiendo el cinco por ciento de nuestro peso corporal en el proceso, pero vale la pena. Conseguimos correr en algunas de las partes más remotas y más pintorescas del mundo, y tenemos a nuestro lado una red de seguridad de un equipo de apoyo dedicado y un equipo médico con mucha formación. A veces, estos retos pueden llegar a ser intensos y atroces, pero también son transformadores.

A veces las cosas no van tan bien. Como la última vez que intenté correr seis maratones en una semana, y terminé en medio del pelotón en agonía. En ese momento sentía que eso era terminal, como si nunca más pudiera volver a competir, pero me recuperé lo bastante para poder repetir una última vez. Si podía correr bien en la carrera del Gobi, quizá me quedarían aún algunas carreras más; después de todo, en los tres años desde que me había tomado en serio las carreras, había descubierto lo bien que uno se sentía al estar sobre el podio. El pensamiento de no volver a competir más me revolvía el estómago.

Si las cosas iban realmente mal, como había sucedido con otro competidor en esa misma carrera unos años atrás, yo podía terminar muerto.

Según la Internet, el trayecto desde el aeropuerto hasta el hotel había de tomar unos veinte o treinta minutos, pero cuanto más nos acercábamos a la marca de ese lapso de tiempo, más agitado estaba el conductor. Cuando me dio un precio tres veces más alto de lo que yo esperaba, me lo había dicho malhumorado, y desde ahí las cosas fueron de mal en peor.

Cuando llegamos y nos detuvimos al lado de un edificio de ladrillo rojo, él agitaba los brazos e intentaba hacerme salir del taxi. Yo miré por la ventanilla, y después otra vez a la imagen de baja resolución que yo le había mostrado cuando comenzamos el trayecto. Si entrecerrabas un poco los ojos tenía cierta similitud, pero era obvio que él no me había llevado a un hotel.

—¡Creo que necesita lentes, amigo! —dije yo, intentando mantener un tono bajo y hacer que él viera el lado divertido. No funcionó.

A regañadientes, agarró su teléfono y gritó a alguien que estaba en el otro extremo de la línea. Cuando finalmente llegamos a mi destino él estaba furioso, y mientras se alejaba quemando neumático sacudía sus puños.

No es que a mí me hubiera molestado. Tanto como los ultramaratones apalean el cuerpo, también atacan la mente. Uno aprende rápidamente a bloquear distracciones y cosas un poco molestas como uñas de los pies caídas o pezones que sangran. El estrés proveniente de un taxista enfurecido no era nada que yo no pudiera pasar por alto.

El día siguiente fue otra historia.

Tenía que alejarme de la ciudad unos cientos de kilómetros en el tren bala para llegar a las oficinas centrales de la carrera en una ciudad grande llamada Hami. Justo desde el momento en que llegué a la estación en Urumqi, supe que me esperaba un viaje que probaría mi paciencia.

Nunca había visto tanta seguridad en una estación de tren. Por todo lugar había vehículos militares, barricadas temporales de metal que canalizaban a los viandantes, y tráfico que pasaba al lado de guardias armados. Me habían dicho que me concediera dos horas para montarme en el tren, pero mientras miraba fijamente a la gran oleada de personas que tenía por delante, me pregunté si ese periodo de tiempo sería suficiente. Si el viaje en taxi del día anterior me había enseñado algo, fue que, si perdía mi tren, estaba seguro de que no podría vencer la barrera del idioma y volver a reservar otro billete; y si no llegaba ese día al punto de reunión de la carrera, ¿quién sabía si incluso me dejarían comenzar?

El pánico no iba a ayudarme a llegar a ninguna parte. Tomé el control de mi respiración, me dije a mí mismo que me calmara, y atravesé lentamente el primer control de seguridad. Cuando lo pasé sin problema y pude saber dónde tenía que ir para recoger mi billete, descubrí que estaba en la fila equivocada. Me puse en la correcta, y para entonces ya iba muy retrasado. *Si eso fuera una carrera*, pensé, *yo estaría al final del pelotón.* Yo nunca corría al final.

Cuando tuve mi billete, me quedaban menos de cuarenta minutos para pasar por otro control de seguridad, que un policía con demasiado celo examinara con detalle forense mi pasaporte, abrirme camino a la fuerza hasta situarme por delante de una fila de cincuenta personas que esperaban facturar, y quedarme de pie, boquiabierto, resollando y mirando frenéticamente señales y carteles que no sabía leer, preguntándome dónde diablos tenía que ir para encontrar la plataforma correcta.

Afortunadamente, yo no era totalmente invisible, y un hombre chino que había estudiado en Inglaterra me dio unos golpecitos en el hombro.

—¿Necesita usted ayuda? —me dijo.

Me dieron ganas de darle un abrazo.

Tenía el tiempo justo para sentarme en la zona de salidas cuando toda la gente a mi alrededor se giró y observó mientras la tripulación del tren pasaba por nuestro lado. Era como una escena sacada de un aeropuerto de la década de 1950: los conductores con sus uniformes inmaculados, guantes blancos y un aire de control total, y las azafatas viéndose preparadas y perfectas.

Yo los seguí hasta el tren y, exhausto, me hundí en mi asiento. Habían pasado casi treinta y seis horas desde que me fui de casa en Edimburgo, y traté de vaciar mi mente y mi cuerpo de la tensión que se había ido acumulando hasta entonces. Miré por la ventanilla en busca de algo que me interesara, pero durante horas y horas el tren tan solo avanzaba deslizándose por un paisaje insulso que no estaba cultivado lo suficiente para ser tierra de labranza y tampoco estaba lo bastante vacío para ser un desierto. Era solamente terreno, y así siguió durante cientos y cientos de kilómetros.

Agotado y estresado. *No* era así como yo quería sentirme al estar tan cera de la carrera más grande que iba a encarar hasta entonces en mi breve carrera como corredor.

Había participado en eventos más prestigiosos, como la mundialmente famosa Maratón des Sables, en la que se está de acuerdo universalmente que es la carrera pedestre más dura de la tierra. En dos ocasiones había estado en la línea junto a otros mil trescientos corredores y había competido cruzando el Sahara mientras la temperatura llegaba hasta los 38 ºC por el día y se desplomaba hasta los 4,5 ºC en la noche. Incluso había terminado en un respetable puesto trigésimo segundo la segunda vez que la corrí. Pero habían pasado quince meses desde entonces, y habían cambiado muchas cosas.

Había comenzado a tomar nota de los cambios durante una carrera por el desierto del Kalahari. Me había forzado a mí mismo mucho, demasiado, para terminar en segundo lugar, mi «primera llegada con podio» en una carrera por etapas. No me había mantenido lo bastante hidratado y, como resultado, mi orina tenía el color de la Coca-Cola. En mi país, mi médico dijo que yo había causado que mis riñones se encogieran debido a la falta de líquido, y el correr tanto los había dañado dando como resultado sangre en mi orina.

Unos meses después comencé a tener palpitaciones cardíacas durante otra carrera. Podía sentir que mi corazón latía desbocado, y me alcanzó un golpe doble de angustia y mareo.

7

Esos dos problemas volvieron a aparecer en cuanto comencé en el Maratón des Sables. Desde luego, ignoré el dolor y me obligué a mí mismo a seguir todo el camino hasta llegar a terminar entre los primeros cincuenta. El problema fue que me había forzado tanto que, en cuanto llegué a casa, el tendón de mi corva izquierda sufría violentos y dolorosos espasmos cada vez que intentaba caminar, por no hablar de correr.

Estuve en reposo durante los primeros meses; después, durante los meses siguientes entraba y salía de salas de consulta de fisioterapeutas, oyendo todo el tiempo lo mismo: necesitaba probar cualquiera que fuera la combinación nueva de ejercicios de fortaleza y acondicionamiento que ellos me sugerían. Los probé todos; y nada me ayudó a volver a correr.

Fue necesaria la mayor parte de un año para encontrar a algunas personas que supieran lo que estaba sucediendo y descubrir la verdad: parte de mi problema era que no estaba corriendo correctamente. Yo soy alto, mido más de 1,82, y aunque mi zancada larga, regular y grande la sentía como fácil y natural, no estaba poniendo en marcha todos los músculos que debería haber utilizado.

Por lo tanto, mi carrera en China era mi primera oportunidad en una competición dura de poner a prueba mi nueva zancada, más rápida y más corta. En muchos aspectos me sentía fenomenal. Había podido correr durante horas seguidas en casa sin sentir dolor, y había seguido mejor que nunca mi dieta normal antes de una carrera. Durante los tres meses anteriores había evitado por completo el alcohol y la comida basura, comiendo no mucho más que pollo y verduras. Incluso había eliminado el café, con la esperanza de que eso pusiera fin a las palpitaciones.

Si todo ello daba resultado, y yo corría tan bien como creía que podría hacerlo en China, abordaría la prestigiosa carrera que los organizadores tenían programada más adelante en el año: cruzando las llanuras salinas de Atacama en Chile. Si ganaba allí, estaría en la forma perfecta para regresar al Maratón des Sables el año siguiente y llegar a ser alguien de renombre.

Yo fui el primer pasajero en bajar cuando llegamos a Hami, y estaba al frente del grupo cuando nos dirigimos hacia la salida. Pensé: *Así está mejor.*

El guardia que se ocupaba del punto de seguridad puso fin rápidamente a mi alegría.

—¿Qué hace usted aquí?

Podía ver una larga fila de taxis fuera de la puerta, todos ellos esperando al lado de una acera vacía a que los pasajeros solicitaran sus servicios. Yo intenté explicarle sobre la carrera y decir que quería salir y llamar a un taxi, pero supe que no había caso. Él miraba de modo burlón mi pasaporte y a mí, y después me indicó que lo siguiera hasta un camión que hacía las veces de oficina.

Me tomó media hora explicar para qué eran todos los paquetes de gel energético y alimentos deshidratados, e incluso entonces no estuve convencido de que él me creyera. Principalmente creo que me dejó ir por aburrimiento.

Cuando conseguí salir y acercarme a la acera, las multitudes ya se habían ido; y también se habían ido los taxis.

Estupendo.

Me quedé allí solo esperando. Estaba fatigado, y quería que ese ridículo viaje terminara.

Treinta minutos después llegó un taxi. Me había asegurado de imprimir en escritura china la dirección de mi hotel antes de salir de Urumqi, y mientras hacía señas a la taxista, me agradó ver que ella pareció darse cuenta. Me subí al asiento trasero, aplasté las rodillas contra la rejilla de metal, y cerré los ojos mientras partíamos.

No habíamos recorrido ni treinta metros cuando el auto se detuvo. Mi conductora estaba aceptando a otro pasajero. *Tan solo sigue la corriente, Dion.* No veía que quejarme sirviera de nada; al menos, hasta que ella se giró hacia mí, señaló la puerta, y dejó perfectamente claro que el otro pasajero era un cliente mucho mejor y que yo ya no era bienvenido en el taxi.

Regresé caminando, pasé otros veinte minutos hasta atravesar los inevitables controles de seguridad, y me puse en la fila otra vez, yo solo, en la acera desierta de los taxis.

Finalmente, llegó otro taxi. El conductor estaba contento y fue educado, y supo exactamente dónde ir; de hecho, parecía tener tanta confianza que cuando se detuvo delante de un edificio grande y gris diez minutos después, no se me ocurrió comprobar que realmente estaba en el hotel correcto; tan solo le entregué el dinero, saqué mi bolsa después de bajarme, y escuché mientras él se alejaba.

Cuando llegué a la entrada fue cuando me di cuenta de que estaba claramente en el lugar equivocado. No era un hotel, sino un bloque de oficinas. Un bloque de oficinas en el cual nadie hablaba inglés.

Durante cuarenta minutos intenté comunicarme con ellos, ellos intentaron comunicarse conmigo, y las llamadas de teléfono que hice a no sabía quién no nos ayudaron en nada. Solamente cuando vi a un taxi pasar lentamente por delante del edificio agarré mi bolsa, salí corriendo, y supliqué al taxista que me llevara donde necesitaba llegar.

Treinta minutos después, mientras estaba de pie contemplando la cama vacía en el hotel asignado que los organizadores habían reservado, respiré de alivio en voz alta.

—Nunca, nunca más voy a regresar a China.

Lo que me molestaba no era la frustración de no ser capaz de comunicarme adecuadamente o ni siquiera los dolores musculares y la grave fatiga. Todo el día había peleado duro contra el impulso de preocuparme, pero a medida que llegó una cosa tras otra, terminé poniéndome nervioso; no era lógico y no tenía sentido. Me recordé a mí mismo una y otra vez que había programado tiempo de sobra para llegar desde Beijing hasta el comienzo de la carrera, y pensé que incluso si hubiera perdido mi tren podría haber encontrado un modo de enderezar las cosas; y sabía, en lo profundo de mi ser, que cualquier dolor producido por los dos días anteriores desaparecería pronto cuando comenzara a correr.

Aun así, cuando llegué al hotel que estaba cerca de las oficinas de la carrera estaba más ansioso de lo que nunca había estado antes de ninguna carrera en la que hubiera participado.

La fuente de mi nerviosismo no era el viaje y tampoco era el conocimiento de los retos físicos que tenía por delante; era algo mucho, mucho más profundo que eso.

Era la preocupación de que aquella pudiera ser mi última carrera. Era el temor a que algo que yo amaba estuviera a punto de serme arrebatado.

Martes, 3 de enero de 1984. El día después de mi noveno cumpleaños. Fue entonces cuando entendí por primera vez cuán rápidamente puede cambiar la vida. El día había sido estupendo, empapado de un hermoso sol de verano australiano. En la mañana había montado en mi bicicleta saltando algunos obstáculos que yo mismo había fabricado mientras papá y mamá leían los periódicos y mi hermana de tres años jugaba en el jardín cerca del apartamento de Nan en el piso de abajo de la casa. Finalmente me las había arreglado para perfeccionar mi voltereta en el trampolín, y después del almuerzo papá y yo salimos fuera con nuestros bates de críquet y algunas pelotas viejas. Él se estaba recuperando de un brote de bronquitis, y era la primera vez en muchísimo tiempo que hacía un poco de deporte conmigo al aire libre. Él me enseñó a sostener el bate de la manera correcta para golpear la pelota tan duro y tan alto que recorriera el césped y llegara más allá del límite lejano de nuestra propiedad.

Cuando finalmente entré ya avanzada la tarde, descubrí que la casa estaba llena de los aromas de la cocina de mamá. Ella cocinaba al vapor su pudding de chocolate durante horas, y hacía una boloñesa tan rica que yo acercaba mi cabeza por encima de la olla e inhalaba el aroma tanto tiempo como pudiera antes de que el vapor llegara a ser demasiado fuerte y caliente para soportarlo.

Era un día perfecto.

Como cualquier niño de nueve años, negué estar cansado cuando llegó la hora de irse a la cama, pero poco después me quedé dormido, apenas sin darme cuenta de que mi mamá se fue para asistir a su clase de aeróbic del domingo en la noche mientras papá veía críquet en televisión con el sonido muy bajo.

—¡Dion!

Yo no quería despertarme. Estaba oscuro, y mi cabeza aún estaba metida en su curioso mundo de sueños.

—¡Dion! —volví a oír la voz de papá. No había ningún otro sonido en la casa, ningún televisor encendido, y ningún sonido de mamá por ninguna parte.

Yo no sabía por qué él me gritaba así, y me permití volver a dormir.

No puedo decir cuánto tiempo siguió papá gritando mi nombre, pero en algún momento supe que tenía que levantarme e ir a ver qué quería.

Él estaba tumbado en su cama, bajo una manta; no me miró cuando entré, y yo no quería adentrarme demasiado en el dormitorio. Su respiración no sonaba bien, como si tuviera que utilizar todas las fuerzas que poseía para poder inspirar y llenar sus pulmones de aire. Algo me decía que él estaba muy enfermo.

—Ve y llama a tu abuela enseguida, Dion.

Yo bajé corriendo las escaleras y llamé a la puerta de Nan.

—Nan, tienes que venir —dije—. Papá te necesita. Algo va mal.

Ella salió enseguida, y yo la seguí de nuevo al piso de arriba. Recuerdo pensar que como ella antes era enfermera, papá se pondría bien. Siempre que mi hermana pequeña Christie o yo nos hacíamos daño, Nan siempre nos hacía reír mientras curaba nuestras heridas, y nos contaba historias de cuando ella trabajaba en un hospital para repatriados de guerra como enfermera jefe a cargo de las demás. Era una mujer fuerte, una luchadora que yo creía que tenía en sus manos el poder para hacer que desapareciera cualquier enfermedad o dolor.

En cuanto vio a papá, salió para llamar a una ambulancia. Yo me quedé con él mientras ella hacía la llamada, pero en cuanto regresó me dijo que saliera de la habitación.

Christie estaba dormida en el cuarto contiguo, yo me quedé allí de pie observándola y escuchando que la respiración de mi papá empeoraba y a Nan hablar con una voz que nunca la había escuchado usar.

—Garry —dijo ella—, ya llega la ambulancia. Estás teniendo un ataque de asma. Mantén la calma, Garry. Permanece conmigo.

Christie se despertó por el ruido y comenzó a llorar.

—Papá no se siente bien, Christie —dije yo intentando imitar a Nan—, pero ya vienen personas a ayudar.

Crucé el pasillo corriendo para abrir la puerta en cuanto oí que la ambulancia se detenía fuera. Observé mientras subían por las escaleras una camilla y un aparato para respirar; y miré en silencio cuando llevaron a papá sobre ruedas unos minutos después. No quería mirarlo. Él seguía luchando para respirar, y le temblaba la cabeza, y yo podía oír el chirrido de una de las ruedas de la camilla mientras lo sacaban.

Los seguí fuera, donde la luz de las farolas, y de los faros, y las luces intermitentes hacían todas ellas que la noche pareciera estar fuera del tiempo. Mientras metían a papá en la parte trasera de la ambulancia, con su cara cubierta por una máscara de oxígeno y su cabeza inclinada hacia un lado, mamá llegó en el auto. Al principio estaba en silencio mientras salía corriendo, pero después comenzó a gritar mientras se ponía al lado de Nan en la parte trasera de la ambulancia.

—Las cosas se arreglarán —dijo Nan. No creo que mamá pudiera oírla.

—Te quiero —dijo papá mientras mamá se acercaba a él. Aquellas fueron sus últimas palabras.

Christie, Nan y yo nos quedamos allí mientras mamá se iba con papá en la ambulancia. No sé cuánto tiempo estuvimos solos, o ni siquiera si lo estuvimos, pero recuerdo que alrededor de la medianoche fue cuando finalmente se abrió la puerta frontal. Mamá entró con un médico a su lado, y ninguno de los dos tuvo que decir nada. Nan y yo supimos lo que había sucedido. Enseguida mamá, Nan y yo estábamos llorando. No mucho después comenzó a sonar el teléfono. Nan respondió, con la voz baja, y las llamadas nunca duraron más de unos minutos. Cuando sonó el timbre de la puerta y llegaron las primeras vecinas y abrazaron fuerte a mamá, yo desaparecí y me fui a mi cuarto.

El día del funeral, observaba mientras llevaban sobre ruedas el ataúd de papá hacia el coche fúnebre. Me solté de la mano de mi mamá sobre mi hombro y salí corriendo para detenerlo. Me tendí todo lo que pude sobre la caja de madera, pero no sirvió de nada. Mis brazos no podían abarcarla por completo. Cuando mi llanto era tan fuerte que hacía que me doliera el pecho, alguien llegó y me retiró de allí.

2

POCO DESPUÉS DE LA MUERTE DE PAPÁ, MAMÁ SE
mudó al piso de abajo donde Nan se ocupó de ella, de Christie y de mí.
Fue como si mi mamá volviera a ser una niña, y al hacerlo ya no pudiera
seguir siendo una mamá para nosotros.

Puede que yo fuera solamente un niño de nueve años, pero cualquier
necio podría haber detectado las señales. El día en que la sorprendí en
su cuarto, mirando fijamente a un bote grande de pastillas que tenía en
la mano y con marcas de lágrimas resecas en sus mejillas, confirmó el
hecho de que ella no lo estaba superando.

Eso sucedió unas semanas después de la muerte de papá. Necesité
unos cuantos meses para descubrir que sus problemas no estaban
causados tan solo por la tristeza. Estábamos los dos en la cocina una
tarde; ella estaba limpiando, una nueva obsesión que había comenzado
recientemente, y yo estaba sentado en la mesa leyendo.

—Dion —me dijo ella sin ninguna advertencia previa ni preámbulo—, Garry no era tu papá.

No recuerdo llorar o salir corriendo a esconderme. No recuerdo gritar o pedirle a mi mamá que me lo explicara. No tengo ningún recuerdo
de lo que yo dije después, ni recuerdo cómo me sentí. Existe un vacío
donde deberían estar tantos recuerdos. Tan solo puedo imaginar cuán

dolorosa debió de ser esa noticia para mí como para borrar de mi mente todo rastro de ella.

Pero lo que sé con seguridad es que la herida que la muerte de mi papá, la muerte de Garry, me infligió llegó a ser tan profunda que lo cambió todo con respecto a mí.

Incluso en la actualidad, mi mamá llora cuando ella y yo hablamos de la muerte de Garry. Ella dirá que solo bastó un viaje de veinte minutos en ambulancia para que todo cambiara en nuestras vidas. Tiene razón, pero también está equivocada: puede que la vida se convirtiría en un caos en veinte minutos, pero solo fueron necesarias cinco palabras para que mi corazón entristecido quedara hecho trizas por completo.

Yo me aferré con fuerza a mi secreto. Uno o dos años después de descubrir la verdad sobre mí mismo, me avergonzaba de mi pasado: yo no solo era el niño sin un papá en su casa, sino que también era el único que yo conociera que tenía una mamá soltera. El flujo regular de visitantes que se produjo tras el funeral se había detenido hacía mucho tiempo, y nuestra economía decreciente forzó a mamá a salir a buscar un empleo. Siempre que ella estaba en casa, pasaba horas limpiando y escuchando canciones de Lionel Richie a todo volumen en el estéreo que estaba en la sala impoluta.

En mi mente, parecía como si todos mis amigos vinieran de familias perfectas, y debido a que todos ellos asistían a la iglesia, yo también iba los domingos. Quería sentir que pertenecía, y también me gustaba el hecho de que podía servirme un puñado de pastelitos después del servicio. No me importaban tanto los sermones, y algunas veces incluso me hacían sentirme mejor conmigo mismo; pero el modo en que las personas me respondían mientras yo me acercaba a la mesa de té al final del servicio, me dejó claro que me veían de forma diferente a todas las demás. Podía oírlos susurrar a mis espaldas, y en cuanto yo me giraba, surgían un incómodo silencio y sonrisas falsas.

Mamá también comenzó a recibir llamadas telefónicas. Yo intentaba colarme en el pasillo y observar mientras ella estaba allí de pie, con su cara hacia la pared y los hombros encorvados. Sus palabras eran entrecortadas y las llamadas breves, y algunas veces cuando terminaban, ella se giraba y me veía observando, y me contaba los últimos chismes que las personas estaban difundiendo sobre nosotros en la ciudad.

Poco después, yo mismo me encontré con el ostracismo. Cuando fui de visita una tarde de sábado a casa de un amigo, pude ver su bicicleta sobre la hierba delante, así que sabía que él estaba dentro; sin embargo, su mamá dijo que no podía salir a jugar.

—No puedes ver a Dan —dijo ella cerrando la puerta mosquitera que había entre nosotros.

—¿Por qué no, Sra. Carruthers?

—Eres una mala influencia, Dion. No queremos que vengas por aquí.

Yo me alejé devastado. Yo no bebía, no decía malas palabras, no me portaba mal en la escuela ni me metía en problemas con la policía. Bueno, era un poco avaricioso con los pastelitos en la iglesia, pero aparte de eso era siempre educado y trataba de ser amable.

Ella solo podía haberse referido a una cosa.

Yo no tenía un nombre para ello en aquel entonces, pero rápidamente desarrollé una fuerte aversión a que me hicieran sentir que estaba siendo excluido. Cuando tenía catorce años, era muy consciente de dónde pertenecía precisamente en la vida: en el exterior.

Estaba sentado, como hacía siempre, solo y apartado de los demás cuando el equipo de la carrera comenzó con la instrucciones de seguridad. La carrera estaba organizada por un grupo con el que yo no había corrido antes, pero ya había estado en bastantes de esas reuniones como para saber de lo que iba a hablar.

El mayor peligro para cualquiera que corra una ultramaratón por etapas bajo el sol del desierto es cuando el agotamiento por el calor, el caso estándar de deshidratación, calambres, mareo y pulso rápido, se convierte en insolación. Es entonces cuando llegan síntomas más drásticos, incluidos confusión, desorientación y convulsiones. Uno no sabe lo que está sucediendo; uno mismo no detecta las señales, y es entonces cuando terminas acurrucado en una zanja o tomando decisiones equivocadas precisamente en el momento en que necesitas alejarte del calor, reponer sales y líquidos, y reducir drásticamente tu temperatura. Si no lo haces, puedes entrar en un coma y terminar muerto.

Los organizadores de la carrera dijeron que cualquiera de quien sospecharan que estuviera al límite de agotamiento por calor sería retirado de la carrera inmediatamente. Lo que no dijeron fue que seis años antes, uno de sus competidores en la misma carrera había muerto debido la insolación.

Pasaron el micrófono a una mujer estadounidense. Yo la reconocí como la fundadora de la carrera.

—Este año tenemos compitiendo a algunos grandes corredores —dijo—, incluido el inigualable Tommy Chen.

Hubo aplausos entre los cien corredores que había en la sala, quienes dirigieron su mirada hacia un tipo taiwanés que tenía a su lado a su propio equipo de filmación, capturando el momento. Yo escuché hablar mucho de que Tommy salía a ganar, que él ya tenía a sus espaldas algunos resultados estupendos.

Yo sabía que él era uno de los mejores que había, y sabía que él era una superestrella genuina del ultramaratón. Sabía que sería difícil vencerlo.

Antes de salir de Escocia, había leído un correo electrónico de los organizadores que enumeraba a los diez principales corredores que esperaban que terminaran bien. No había ninguna mención a mí, pese a haber vencido a algunos de ellos en el pasado. Una parte de mí seguía estando molesta por eso, pero no porque mi ego fuera lastimado; no había razón alguna por la que no hubieran esperado que yo terminara bien. Como no había competido desde hacía ocho meses, cuando lo hice en una carrera de 212 kilómetros en Camboya, me había convertido en un don nadie olvidado, y no los culpaba por haberme obviado.

Estaba molesto conmigo mismo. Había comenzado a correr tan solo tres años atrás, y llegar tan tarde significaba que tenía una ventana diminuta en la cual demostrar mi valía. Tenía la sensación de que haber tomado ocho meses para recuperarme fue una pérdida de tiempo precioso.

Antes de la charla hicimos una comprobación de nuestro equipo, para asegurar que cada uno tuviera mochilas que contenían todas las cosas esenciales. Aunque cada uno lleva toda la comida, cama y ropa que necesitará para toda la carrera de seis etapas y siete días, el objetivo es mantener en mínimos el peso de la mochila. Para mí, eso implica no llevar varios cambios de ropa, ni colchoneta para dormir, y tampoco libros o celular para mantenerme entretenido al final de cada etapa. Lo único que llevo es un saco de dormir, un único cambio de ropa, y la cantidad absolutamente mínima de comida para poder seguir. Cuento con 2.000 calorías al día, aunque sé que quemaré cerca de 5.000. Cuando regreso a casa parezco un muerto, pero vale la pena por llevar una mochila más ligera.

Más adelante ese mismo día nos montaron en autobuses y nos llevaron al lugar donde comenzaría la carrera, a un par de horas fuera de la ciudad. Charlé un rato con un hombre que iba a mi lado, pero la mayoría del tiempo me mantuve callado e intentando bloquear el sonido de los tres tipos que habían llegado de Macau y estaban detrás de mí, riendo y hablando en voz muy alta durante todo el camino. Algunas veces me giré y les lancé una medio sonrisa, esperando que entendieran mi sutil indicación para que se callaran. Ellos se limitaron a sonreír y siguieron adelante con su fiesta. Cuando nos detuvimos, yo estaba bastante harto y esperando poder bajar y encontrar algo de paz y tranquilidad para comenzar a prepararme mentalmente para la carrera.

Los lugareños habían organizado una hermosa exhibición de danza regional y monta de caballos, que incluía un juego parecido al polo pero que se jugaba con una oveja muerta. Yo me escabullí para encontrar la carpa donde me quedaría, para ocupar mi ubicación. En la mayoría de ultramaratones se asigna a los corredores compañeros de carpa con quienes acampar durante la carrera. Uno nunca sabe con quién estará, pero al menos puedes asegurarte de que no te quedarás atascado en una ubicación terrible para dormir.

Estaba de pie en la vieja carpa del ejército y me preguntaba dónde situarme. Nunca me había gustado estar cerca de la puerta debido a la corriente, y con frecuencia hacía bastante frío en la parte trasera. Decidí arriesgarme y tomar un lugar en el medio, esperando que mis compañeros de acampada no me mantuvieran despierto por sus ronquidos o por sus protestas.

Hice una última comprobación de mi equipo mientras llegaban los tres primeros compañeros. Ellos parecían bastante sensatos y no causaron alboroto al escoger sus ubicaciones.

Se me cayó el alma a los pies cuando oí ruido de risas, levanté la vista, y vi entrar a los tres tipos de Macau.

Aunque era verano, la temperatura era notablemente más fría cuando el sol comenzó a ponerse. El alcalde de la localidad dio un discurso que yo no pude entender, pero la muestra de danzas mongolas y la carrera de caballos a gran velocidad fue suficiente para distraerme un poco. Algunos de los corredores estaban sentados por allí cenando, pero yo estuve dando vueltas. Me desvié mirando al equipo de filmación de Tommy Chen, pero poco después estaba pensando en regresar a la carpa. Cuando las personas comenzaron a preguntarse unos a otros con qué tipo de calzado iban a correr, cuánto pesaban sus mochilas, o si habían traído provisiones extra, eso me indicó sin ninguna duda que tenía que irme. Participar en ese tipo de conversaciones el día antes del comienzo de una carrera nunca es una buena idea. En el momento en que te encuentras con alguien que esté haciendo algo diferente, terminas dudando de ti mismo.

Comprobé mi reloj: las seis y media. Hora de comer. Aunque esperar puede ser difícil cuando estoy nervioso y ya está oscuro, siempre me aseguro de comer a la hora correcta en un día de carrera. No quieres comer demasiado pronto y que tu cuerpo consuma las calorías antes de comenzar realmente a correr.

Agarré mi comida, me metí en mi saco de dormir, y comí en silencio en la carpa.

Me aseguré de estar ya dormido antes de que ninguno de los demás regresara.

3

LA GENTE SIEMPRE SE LEVANTA DEMASIADO TEMPRANO
el primer día de estas carreras. Sus nervios se llevan la mejor parte, y dos
o tres horas antes del comienzo, el campamento se llena de alboroto con
personas que preparan y vuelven a preparar sus bolsas, comen, conver-
san, y se preocupan de si han preparado bien la bolsa y han comido la
cantidad adecuada en el desayuno a la hora correcta.

Lo entiendo. Yo mismo he hecho eso, pero ahora ya no me compor-
to así. Tengo una rutina que ha sido probada.

Salida menos noventa minutos: despertarme, vestirme, ir al baño.

Salida menos sesenta minutos: estar caliente en la carpa, hacer un
desayuno alto en calorías.

Salida menos quince minutos: guardar el saco de dormir y el colchón hinchable, salir de la carpa e ir a la línea de salida.

Sin embargo, para cualquiera que esté observando, la última hora
de mi rutina parece un poco extraña. Me quedo dentro del saco de
dormir hasta que es casi la hora de salir, incluso cuando me estoy
comiendo mi lata de «Desayuno». Mientras todos los demás están
dando saltitos arriba y abajo, después de haberse comido sus alimentos
deshidratados, yo estoy acurrucado en mi saco, con mi gorrita de lana
bien apretada en mi cabeza, disponiéndome a comer una lata fría

de judías, salchicha, beicon y champiñones. Algunos se me quedan mirando porque ningún corredor de maratón por etapas que esté en su sano juicio lleva nunca comida enlatada; sencillamente no vale la pena por el peso que conlleva. Pero yo llevo solo una lata que me como antes de que empiece la carrera, y las 450 calorías valen más que las miradas de asombro mientras la gente se pregunta qué tipo de corredor aficionado soy yo.

Sabe especialmente rica, sabiendo que durante los seis días siguientes no estaré comiendo otra cosa que alimentos fríos y rehidratados que saben a salmón o pasta con sabor a boloñesa, el pedazo ocasional de *biltong* (carne seca y curada de Sudáfrica), algunos frutos secos y decenas de gel energético. Estaré harto de esa comida antes del final de la semana, pero la nutrición que pesa poco es lo que hace que mi bolsa no tenga mucho peso.

Saboreé cada bocado frío. No pude ver por ninguna parte a los tres tipos de Macau, pero estaba seguro de que el resto de mis compañeros de carpa, dos británicos y un estadounidense, me estaba mirando como si yo fuera un tonto a quien la situación le quedaba muy grande. Nadie dijo nada, y cuando terminé de comer volví a tumbarme y acurrucarme todo lo posible en mi saco. Supuse que ellos probablemente seguirían mirándome.

Cuando quedaba un cuarto de hora, salí del saco de dormir, empaqué mis cosas en la mochila, y me dirigí a la línea de salida. La gente miraba, tal como yo suponía que lo harían. Siempre lo hacen cuando me ven llegar el primer día. Mi camiseta de correr muy ajustada es de color amarillo brillante y lleva el logo de mi patrocinador; y debido a que soy alto y delgado, parezco un plátano. Siempre siento un poco de vergüenza en momentos como esos. Por mucho que intente evitarlo, termino pensando que todos los demás se ven mejor que yo al comienzo de la carrera. Todos se ven más en forma, más fuertes, y más parecidos a atletas de resistencia, mientras que yo parezco el tonto del grupo. El único modo de superarlo es apretar mi mandíbula, ocultarme tras mis lentes de sol, y decirme a mí mismo que es momento de poner las manos en la masa.

Para muchos corredores, el acto de atarse los cordones del calzado, salir por la puerta y dejar que sus pulmones y sus piernas encuentren su ritmo perfecto mientras corren por la naturaleza es algo hermoso. Se trata de libertad, paz, y el momento en que el tiempo parece detenerse y los estreses de la vida se desvanecen.

Yo no soy uno de esos corredores. Mi esposa sí lo es. Lucja corre porque le encanta correr; compite porque le encanta la camaradería y el sentimiento de comunidad. Yo no. No me encanta correr; en realidad, tampoco me gusta. Pero sí me gusta competir. Me encanta competir.

Me tomó treinta y siete años darme cuenta de que las carreras eran para mí. Durante la mayor parte de mis años de adolescencia y juventud jugué al críquet y al *hockey*. Desde el principio me gustó la acción de una pelota bien golpeada, un buen *drive*, y un tiro tan fuerte que entra por el córner superior derecho de la portería. Para mí, ambos deportes tienen el potencial de llenarme del tipo de paz y felicidad que Lucja describe cuando corre. Pero aunque yo pudiera ser un experto en los aspectos técnicos de golpear y bolear, nunca podría manejar la dinámica de jugar como parte de un equipo. Me he observado a mí mismo tantas veces tener un ataque de furia por el poco rendimiento de mis compañeros de equipo durante los partidos, que sé que a mí se me da mejor ser un hombre de deportes en soledad.

Durante un tiempo jugué al golf y llegué a ser bastante bueno; lo bastante para hacer trapicheos con los jugadores de fin de semana en los campos en los suburbios occidentales de Sídney y regresar a casa con dinero suficiente para que Lucja y yo pudiéramos comer durante el resto de la semana. Pero había algo sobre la presión y la necesidad de encajar en todas esas reglas etiquetadas que me sacaba de quicio. Después de tener uno de demasiados arrebatos y romper uno de demasiados palos, finalmente decidí que tampoco el golf era para mí.

Cuando se trata de correr, descubrí por accidente mi amor por ganar. En ese tiempo nos habíamos mudado de Londres a Mánchester. Era la víspera de Año Nuevo, y yo estaba escuchando a un amigo del críquet hablar y hablar de que iba a participar en una medio maratón en la primavera. Dan hablaba de que quería rebajar su mejor marca personal de 1 hora y 45 minutos. Gracias a Lucja, yo sabía lo bastante sobre carreras para saber que ese era un tiempo aceptable, no asombroso pero mejor del que muchas personas podían lograr. Él también estaba en forma, y yo consideraba que probablemente tenía razón al sentirse confiado en cuanto a poder correr un poco más rápido.

Pero él estaba presumiendo durante toda esa charla, de modo que dejé a un lado mi cerveza y hablé.

—Creo que yo podría batirte.

Dan se rió. La música estaba bastante alta, y él tuvo que inclinarse hacia delante para asegurarse de haber oído correctamente.

—Tú ¿qué?

—Yo podría batirte. Fácilmente.

—Tú no eres un corredor, Dion. De ninguna manera.

—Dan, estoy tan seguro de mí mismo, que incluso te daré cinco minutos de ventaja.

La conversación descarriló un poco después de aquello. Había personas riendo y gritando, y poco después el trato estaba hecho. Si yo no ganaba a Dan por cinco minutos, los invitaría a cenar a él, a su esposa y a Lucja. Si yo ganaba, él sería quien invitara.

Lucja me lanzó una mirada de esas que dicen: *Otra vez*. Yo solo sonreí y levanté las manos. Por lo que a mí respectaba, acababa de ganar para los dos una cena gratis.

La carrera sería a final de marzo, y yo sabía que tenía que ascender una montaña doble. Llevaba corriendo uno o dos años, pero nunca más lejos de tres o cinco kilómetros cada vez; un recorrido más largo que ese me dejaría aburrido y harto. Siempre he aborrecido correr cuando hace frío o lluvia, y Mánchester en enero y febrero no sirve otra cosa, sino frío y lluvia. Por lo tanto, pasaron algunas semanas, y mi entrenamiento apenas había comenzado.

Pero tuve suerte. Dan es uno de esos corredores que no pueden resistirse a regresar de una carrera y publicar sus tiempos en Twitter. Cuando comencé a leer la distancia que él corría y lo rápido que llegaba hasta allí, tuve toda la motivación que necesitaba para levantarme del sofá y salir a la calle. Sabía que mientras me forzara a correr más distancia y más rápido que los tiempos que Dan publicaba, podría vencerlo.

Me situé al lado de Dan y Lucja en la línea de salida. Dan se veía en forma y animado. A Lucja le encantaba. Yo me sentía fuera de lugar entre los miles de otros corredores que tenían todos ellos lo que parecían ser mejores equipamientos deportivos que yo.

—Ya sabes que tengo un gusto muy caro en los vinos, Dion —dijo Dan—. Vas a necesitar una segunda hipoteca para pagar la cena esta noche.

Yo no dije nada. Solamente sonreí.

—En serio, compañero —dijo él con una expresión de preocupación genuina—, ¿estás bien para esto? Ya se siente bastante calor. No te fuerces más de lo que deberías.

Yo me sentía bastante nervioso. Tenía la boca seca, y era lo único que podía hacer para absorber tanto aire como pudiera en mis pulmones.

Sonó el pistoletazo de salida, y comenzó la carrera. Dan estaba a mi lado, y ya íbamos a buen ritmo. Lucja se quedó más atrás, y los dos seguimos juntos. Él parecía fuerte y en control. Me sentía bien al poder seguirle el ritmo, contento de que finalmente estuviéramos corriendo.

Cuando pasamos el marcador del primer kilómetro, comprendí que tenía solamente otros veinte en los cuales poder aventajar a Dan por cinco minutos, de modo que hice lo único que se me ocurrió. Subí el ritmo de mi trote y corrí tan rápidamente como pude. Poco después, sentía un dolor agudo en los pulmones, y tenía la sensación de que no había aire suficiente en el cielo para poder seguir adelante. Quería disminuir un poco el ritmo y recuperarme, pero me forcé a mí mismo a mantener ese ritmo. Aquellos cinco minutos solamente los obtendría si seguía alejándome de Dan.

No miré atrás ni una sola vez; de algún modo sabía que eso no ayudaría. Si veía que él estaba cerca, probablemente sentiría pánico, y si él ya estaba lo bastante alejado de mí, podría terminar disminuyendo mi ritmo. Sabía que ganaría o perdería la carrera en mi cabeza. Si mantenía el enfoque y me forzaba, evitaría la distracción.

Dan tenía razón en que era un día caluroso. Yo nunca antes había experimentado un calor así en esa época del año en Mánchester, y durante toda la mañana el ruido de la multitud era interrumpido por el sonido de sirenas de ambulancia mientras se apresuraban a ayudar a corredores exhaustos.

Para mí, sin embargo, el calor no era una amenaza; era como un amigo bienvenido. Me recordaba mi niñez en Australia. Yo me pasaba horas los días de verano jugando al críquet o montando en bicicleta con temperaturas que estaban entre los 43 y 49 ºC. Durante la carrera la temperatura ni siquiera estaba cerca de esos valores, pero igualmente me encontré sintiéndome más fuerte a medida que aumentaba el calor y pasaban los kilómetros.

Al menos así fue hasta llegar al kilómetro dieciocho. Fue entonces cuando comencé a sentir que disminuía mi ritmo. Mis piernas estaban insensibles y débiles, como si alguien les hubiera arrebatado la mitad de sus músculos; pero seguí corriendo, forzándome mucho y recordándome lo que estaba en juego: mi orgullo.

Crucé la línea en 1:34, una marca respetable para alguien que corría por primera vez una media maratón, y nueve minutos más rápido que la anterior mejor marca personal de Dan. ¿Iba a ser suficiente? Él había salido bastante rápido, y su entrenamiento le había situado en lugar de batirla. Lo único que pude hacer fue agacharme en la línea de meta, sentir que mis pulmones comenzaban a recuperarse, y ver correr el reloj con la esperanza de no verlo a él.

Fue Lucja quien cruzó la línea más de cinco minutos después de mí. Los dos estábamos de pie y sonreíamos mientras esperábamos la mayor parte de otros diez minutos hasta que Dan finalmente apareció.

—¿Qué sucedió? —dijo él cuando se hubo recuperado un poco—. Corriste muy rápido. Debes de haber hecho más entrenamiento del que dices.

Yo sonreí y le di unas palmaditas en las espalda.

—Tienes que dejar Twitter, compañero.

La línea de salida en la carrera se parecía mucho a cualquier otra línea de salida en cualquier otra carrera en el mundo; todos siguiendo sus propios rituales para aguantar los nervios. Yo estaba a un lado, en la segunda o tercera fila desde el frente, intentando distraerme mirando alrededor. Tommy Chen estaba allí, y parecía enfocado y en bastante buena forma. Tenía a su lado a su equipo de filmación y muchos seguidores entre el pelotón.

—Buena suerte, Tommy —gritó alguien—. ¡Espero que lo destroces!

—Sí, gracias —dijo él, moviendo los pies adelante y atrás.

Yo observaba mientras la sonrisa se borró rápidamente de su rostro; estaba tan nervioso como el resto de nosotros, o quizá más. Yo sabía que él era una de las estrellas emergentes de los ultramaratones, pero había llegado segundo en la primera de las cinco carreras que los organizadores habían realizado ese año. La presión estaba sobre él.

Comprobé por última vez mi equipo, asegurándome de que las tiras estuvieran lo bastante apretadas sobre mi pecho y que mis fundas de color amarillo brillante estuvieran cubriendo adecuadamente mi calzado. Sabía que pronto estaríamos subiendo una duna ese día, y lo último que quería era pasar las cuatro o cinco horas siguientes con molestas arenillas que irritaran mis pies.

Sonó la bocina de comienzo, y cualquier pequeño ruido que salió de la pequeña multitud desapareció de mi mundo. La carrera comenzó por una amplia franja de hierba, y a medida que emprendimos el camino, surgía por la mitad la usual multitud de personas. Hay todo tipo de personas que quieren tomar la delantera ese primer día, y a mí no me importa mucho. Esa es la belleza de estas carreras: aunque atletas de talla mundial corren al lado de felices amateurs, no hay ningún sentimiento de jerarquía o de rango. Si quieres correr en primera línea y puedes mantener el ritmo, se te permite hacerlo.

Yo había imaginado que el comienzo podría ser un poco complicado, pues todos se amontonaban como era usual que hicieran, y yo me había situado a distancia de todos los demás. No quería estar en ninguna de las filmaciones de publicidad, pero si salía con bastante rapidez, podría ponerme por delante de los corredores más lentos antes de que el trazado se estrechara y bajara por un cañón rocoso.

Hice lo que había planeado y me situé detrás de Tommy. No había llovido en la noche, pero las rocas estaban resbaladizas por el rocío de la mañana. Batallaba para mantener firme mi paso, me sentía un poco incómodo y me lo tomé con constancia, al igual que Tommy. Supongo que los dos sabíamos que si poníamos un pie en mala postura y nos torcíamos el tobillo, y tendríamos que soportar mucho dolor durante el resto de los 240 kilómetros.

Oí que alguien avanzaba detrás de mí y observé a un tipo rumano que me pasó rápidamente; iba saltando por las rocas como si fueran trampolines en miniatura. Cuando Tommy supo que él estaba a sus espaldas, los dos se alejaron un poco de mí. Yo me decía a mí mismo: *Mantén el ritmo. No hay necesidad de preocuparse.* Junto con mi entrenador, había diseñado un plan completo antes de salir de Escocia. Habíamos repasado otras carreras y notamos que muchas veces yo había cometido el mismo error. Tenía tendencia a comenzar mal y después ganar terreno a medida que avanzaba la semana, particularmente el largo día en que la carrera normalmente cubría la distancia de ochenta kilómetros o más. Lo cierto es que yo no soy una persona mañanera, y la primera mañana de la carrera siempre parece golpearme duro; con frecuencia me he encontrado veinte minutos por detrás de los líderes de la carrera cuando termina el primer día.

Incluso en las carreras de entrenamiento batallo para seguir adelante, y en los primeros dos o tres kilómetros siempre me cuestiono si quiero continuar. Paso esos primeros minutos con la sensación de que preferiría estar haciendo cualquier otra cosa menos correr; pero si logro sobreponerme, por lo general estoy bien, y durante la segunda mitad de una carrera iré volando.

Por lo tanto, confiaba en que mientras tuviera a la vista a Tommy y a ese tipo rumano, todo iría bien. Si yo estaba cerca al final de la primera etapa, siguiendo el ritmo pero sin forzar demasiado, me estaría situando en la mejor posición posible para el resto de la semana.

A mitad del día, cuando el rumano comenzó a cansarse y se quedó tan atrás de nosotros que ya no podía oírlo, levanté la vista y vi que había por delante una duna inmensa. Era empinada y ancha, y fácilmente tendría noventa metros de altura. Yo había visto dunas como esa en Marruecos, pero esta parecía de algún modo diferente. La arena que había en el costado parecía ser más dura y más compacta, pero el sendero por el que tenía que subir era suave y casi no ofrecía ninguna resistencia.

Existe una clave para subir corriendo una duna de arena, y yo la aprendí por las malas cuando competí por primera vez en el Maratón des Sables. No sabía que hay que mantener las zancadas lo más cortas posible, asegurando que haya una cadencia rápida para evitar que la arena se meta por debajo de los pies y te haga disminuir la velocidad. No sabía que algunas veces el sendero más largo es más fácil que el corto y, como resultado, me vine abajo y llegué tan tarde al final del primer día que pensé seriamente en abandonar la carrera.

Tommy atacó la duna de arena por delante de mí, pero después de un par de zancadas era obvio que la arena del Gobi no era como la que hay en el Sahara. Debió de haber llovido en esa zona durante la noche, y la arena era más oscura y más grumosa; cedía con la menor presión, desapareciendo como si fuera arcilla débil, y a veces tuve que usar mis manos para mantener el control. No la estábamos subiendo; íbamos trepando.

Cuando finalmente llegamos a la cumbre, pude ver la duna con mayor claridad. La única opción era correr a lo largo del estrecho pico que se extendía durante al menos un kilómetro. A ambos costados, la duna se disipaba, y si alguien pisaba mal, terminaría cayendo hasta el fondo. Tomaría mucho tiempo volver a subir, desperdiciando un tiempo y una energía preciosos.

A Tommy le encantaba.

—¡Mira este paisaje! —gritó—. ¿No es magnífico?

Yo no respondí nada. Me asustan las alturas, y tenía mucho miedo de caerme. Seguí adelante con tanta cautela como pude. Mi pie resbaló más de una vez, y agitaba mis brazos en un intento desesperado por recuperar el equilibrio. No me importaba cuánto terreno me ganara Tommy; lo único que podía hacer era mirar bien dónde ponía los pies y esperar que la arena se mantuviera firme.

Aunque aborrecía estar en lo más alto de la duna, cuando llegó el momento de bajarla me sentía en el cielo. Di un poco más de potencia a mis piernas y corrí a toda velocidad bajando tan rápido como pude. Cuando llegué abajo, sobrepasé a Tommy. Sentí su sorpresa y lo oí que me seguía de cerca.

Durante un rato corrimos lado a lado, y después intercambiamos la delantera de vez en cuando. El trazado nos llevó por campos fangosos y por encima de puentes, al lado de una reserva gigantesca. Las vastas arenas y el calor cruel del desierto de Gobi estaban a un par de días de distancia, y corrimos atravesando remotas aldeas que pertenecían a otro siglo. Edificios en ruinas ocupaban la tierra como si fuera un plató de cine. Ocasionalmente veíamos a algún lugareño, que estaba de pie y se nos quedaba mirando impasiblemente. Nunca decían nada, pero tampoco parecían estar molestos. Para mí, ninguno de los casos tenía ninguna importancia. En ese momento yo volaba, lleno de esperanza en que la carrera en el desierto de Gobi quizá no fuera mi última carrera, después de todo.

4

NACÍ EN SÍDNEY, NUEVA GALES DEL SUR, PERO ME
crié en una ciudad australiana del interior en Queensland llamada
Warwick. Es un lugar que casi nadie que yo conozco ha visitado, pero
que contiene el tipo de personas que todo el mundo puede reconocer.
Es tierra de cultivo, con valores tradicionales y un fuerte énfasis en
la familia. En estos tiempos ha cambiado mucho y se ha convertido
en una ciudad pequeña y vibrante, pero cuando yo era adolescente,
Warwick era el tipo de lugar que llenaría una noche de viernes. Los
pubs se atiborraban de trabajadores que buscaban pasar una buena
noche fuera y que implicaba demasiadas cervezas, un par de peleas, y
un viaje a la gasolinera (que cualquier australiano digno llama la *servo*)
para comprar un pastel de carne que había estado todo el día en el
refrigerador y estaba más duro que una piedra.

Eran buena gente, pero en aquella época era una ciudad exclusivista, y todo el mundo conocía los asuntos de los demás. Yo sabía que mi
lugar no estaba entre ellos.

No fue solo el escándalo de mi nacimiento lo que impulsó a las
personas a reaccionar mal; fue también mi manera de comportarme.
Me había convertido en eso; pasé de ser un niño educado y agradable
a ser un bocazas torpe y molesto. Cuando tenía catorce años yo era el

bromista de la clase, sacaba de quicio a los maestros con mis comentarios para agradar al grupo, me expulsaban de la clase, y salía por las puertas de la escuela pavoneándome mientras me dirigía a la *servo* para comprar un pastel de carne mientras los otros necios seguían estando encerrados en la clase.

Y cuando terminó mi año escolar y el director nos despidió a cada uno de nosotros con un apretón de manos y unas palabras amables sobre nuestro futuro en la última asamblea, lo único que pudo decirme a mí fue: «Te veré en la cárcel».

Desde luego, había motivos para todo eso, y no era solamente el dolor de perder a mi padre no solo una vez, sino dos veces.

Yo estaba destrozado porque todo se estaba desmoronando en casa.

La pérdida de su esposo fue un golpe muy duro para mi madre. Realmente duro. Su propio padre había regresado de la Segunda Guerra Mundial traumatizado, y como muchos hombres, recurrió al alcohol para adormecer el dolor. La niñez de mi madre le enseñó que cuando los padres batallan, los hijos están más seguros cuando se van y se esconden.

Por lo tanto, cuando mamá se quedó viuda a los treinta y tantos años y con dos hijos pequeños, lo manejó del único modo que conocía: se retiró. Recuerdo que pasaban días enteros en que ella se quedaba encerrada en su dormitorio. Yo quizá la veía cuando salía para ir al baño o a la cocina, pero en el mejor de los casos ella no era más que una sombra en la casa. Yo cocinaba tostadas con huevos o espagueti de lata, o si no íbamos a casa de Nan, a la casa de alguna otra vecina o, si era domingo, a la iglesia.

Mamá pasó por etapas en las que se obsesionaba por mantener inmaculada la casa; limpiaba de modo compulsivo, y en las extrañas ocasiones en que cocinaba para ella, limpiaba la cocina frenéticamente durante dos horas. Tampoco mi hermana Christie ni yo podíamos hacer nada bien. Los niños son niños, y nosotros dejábamos migas y sobras por todo lugar, manchábamos las ventanas con las huellas de nuestros dedos, o tomábamos baños que duraban más de tres minutos. Cualquiera de esas cosas era suficiente para enfurecer a mamá.

Nuestro terreno tenía un par de acres, y estaba lleno de árboles y tiestos con flores. Aunque a mis padres les gustaba mucho trabajar juntos en él, después de la muerte de papá pasó a ser tarea mía mantenerlo en buen estado. Tenía que cortar el césped cada semana y quitar las malas hierbas de los tiestos de las flores cada mañana antes de la escuela.

Si no hacía mis tareas, no valdría la pena vivir. Mamá comenzaba a atosigarme, pero poco después me estaría gritando.

—Eres un inútil —me decía—. Ojalá no te hubiera tenido nunca... Eres el error en mi vida... te odio.

Yo le respondía a gritos, y enseguida nos gritábamos mutuamente. A veces ella me golpeaba con la palmeta, o con el plumero, o me agarraba del brazo dejando profundos arañazos rojizos en mi piel.

Mamá nunca se disculpaba. Ni yo tampoco.

Discutíamos cada día y cada noche. Yo regresaba de la escuela y sentía que tenía que caminar con pies de plomo por la casa. Si hacía algún ruido o la molestaba de alguna manera, comenzaba de nuevo la pelea.

Cuando yo tenía catorce años, ella ya estaba harta.

—Vete de aquí —dijo un día mientras yo estaba más atrás curándome el brazo y ella sacaba sus productos de limpieza del armario—. Hay demasiadas peleas. Te vas a ir al piso de abajo.

La casa tenía dos pisos, pero todo lo que importaba estaba arriba; en el piso de abajo estaba la parte de la casa donde no iba nadie, era donde jugábamos Christie y yo cuando éramos pequeños, pero desde entonces el cuarto de juegos se había convertido en un vertedero. Había también un aseo, pero apenas entraba luz natural, y una zona grande que seguía estando llena de materiales de construcción. Lo más importante para mi mamá era que había una puerta en la base de la escalera que se podía cerrar con llave. Cuando yo estuviera allí abajo, estaría efectivamente atrapado y sin poder ser parte de la vida familiar en el piso de arriba.

No discutí con ella. Parte de mí quería alejarse de ella.

Así que trasladé mi colchón y mi ropa, y me establecí en mi nueva vida, una nueva vida en la cual mamá abría la puerta cuando llegaba el momento de que yo subiera para comer o cuando tenía que ir a la escuela. Aparte de eso, si yo estaba en casa me mantenía encerrado.

Lo que más aborrecía de eso no era el hecho de que yo fuera cierto tipo de prisionero; lo que aborrecía era la oscuridad.

Poco después de la muerte de Garry, comencé a caminar dormido; empeoró cuando me trasladé abajo, y me despertaba en la zona donde estaban amontonados todos los azulejos rotos. Estaba todo muy oscuro y yo estaba aterrado e incapaz de saber hacia dónde ir para encender la luz. Todo se volvió aterrador, y mis sueños estaban llenos de pesadillas con imágenes de Freddy Krueger esperándome fuera de mi cuarto.

La mayoría de las noches, cuando escuchaba que giraba la cerradura, me tumbaba en mi cama y lloraba con la cara metida en el muñeco del monstruo de las galletas que tenía desde que era niño.

Normalmente no llevo conmigo un colchón a una carrera, pero me preocupaba que la lesión de mi pierna pudiera resurgir en algún momento al cruzar el desierto de Gobi, así que empaqué uno especialmente. Lo inflé al final del primer día e intenté descansar. Llevaba conmigo un pequeño iPod, pero no me molesté en encenderlo; me contentaba solamente con estar tumbado y pensar en la carrera de ese día. Estaba feliz con la tercera posición, particularmente porque solo había un margen de uno o dos minutos entre Tommy, yo, y un rumano llamado Julian.

En lugar de una carpa del ejército, estábamos en una yurta, y yo esperaba estar bien y abrigado a medida que descendía la temperatura.

Mientras tanto, sin embargo, suponía que tendría que esperar un rato antes de que regresara alguno de mis compañeros de carpa. Me comí un poco de biltong y me acurruqué en mi saco de dormir.

Solo transcurrió una hora aproximadamente antes de que llegaran los dos primeros corredores. Yo estaba adormilado cuando me di cuenta por primera vez de que estaban charlando, y oí a uno de mis compañeros de carpa, un estadounidense llamado Richard, decir: «¡Vaya! ¡Dion ya está aquí!». Yo levanté la vista, sonreí, saludé y los felicité por haber terminado la primera etapa.

Richard dijo que estaba pensando en hablar con los tres hombres de Macau en cuanto llegaran. Yo había dormido toda la primera noche, pero según Richard, ellos se habían quedado hasta muy tarde retocando sus bolsas y se habían levantado temprano y hablando sin cesar.

Yo no estaba demasiado preocupado, y pensando en Lucja y cómo me había introducido en las carreras al principio, volví a dormirme.

Mi carrera como corredor comenzó cuando estábamos viviendo en Nueva Zelanda. Lucja dirigía un eco-hotel, y yo trabajaba para un exportador de vinos. La vida nos sonreía, y los tiempos de tener que hacer algunas trampas en campos de golf para obtener dinero habían quedado atrás. Mejor aún, nuestros empleos conllevaban muchos extras, como cajas de vino gratis y estupendos almuerzos fuera. Cada noche sacábamos un par de botellas de vino, y los fines de semana salíamos a comer fuera. Llevábamos a Curtly, nuestro San Bernardo (a quien llamamos así por el legendario jugador de críquet indio Curtly Ambrose) a dar un paseo en la mañana, deteniéndonos en una cafetería para comer buñuelos de maíz y batata o una fritura de huevos, beicon, salchichas, frijoles, champiñones, tomate y tostadas. Quizá comprábamos un pastel de hojaldre de camino a casa, abríamos una botella de algo en el almuerzo, y después salíamos en la noche para una cena de tres platos con más vino. Poco después sacábamos una vez más a Curtly y comprábamos un helado.

La gente me decía que yo era un tipo grande, y tenían razón. Pesaba 108 kilos, más de lo que había pesado nunca en mi vida. No hacía nada de ejercicio, fumaba a escondidas, y había creado un surco en el sofá donde me tumbaba y veía deportes en la televisión. Tenía veintiséis años y me estaba labrando el camino para morir de tanto comer.

El cambio llegó cuando Lucja hizo unas nuevas amistades a quienes les encantaba correr y el *fitness*. Ella comenzó su propio camino hacia una mejor salud y comenzó a perder peso. Decía que quería verse bien en bikini, y yo, como el típico hombre de mi parte del mundo, le decía que estaba siendo ridícula.

Pero yo no me creía lo que decía. Sabía que ella era fuerte, que estaba decidida y que iba a terminar lo que había comenzado.

Lucja enseguida comenzó a salir a correr, y descubrió que cada vez terminaba con más rapidez su recorrido de cinco kilómetros.

—No estás nada en forma ni tampoco sano, Bubba —me dijo ella, llamándome con el nombre que ahora comenzaba a disgustarme—. Podría ganarte.

En aquel momento yo estaba tumbado en el sofá viendo un partido de críquet.

—No seas estúpida. Yo podría ganarte fácilmente. Solo llevas seis semanas corriendo.

En mi mente, yo seguía siendo un deportista. Era el mismo muchacho que podía pasarse el día entero jugando al críquet o corriendo con sus amigos. Además, yo tenía algo que a Lucja le faltaba: un genial instinto competitivo. Había competido tanto cuando era adolescente y había ganado tantos partidos, que estaba convencido de que aún podía ganarla en cualquier reto que ella me planteara.

Encontré unos pantalones cortos y unos tenis, salté por encima de Curtly, que estaba dormido en la escalera frontal, y me puse al lado de Lucja en la calle.

—¿Estás seguro de que estás preparado para esto, Bubba?

Yo resoplé con incredulidad.

—¿Estás bromeando? No hay modo alguno en que me ganes.

—Muy bien. Vamos allá.

Mantuvimos el ritmo: durante los primeros quince metros, y después de eso Lucja comenzó a alejarse de mí. Mi cerebro demandaba que le siguiera el paso, pero era imposible. No tenía fuerzas; era como una apisonadora vieja que ha perdido fuelle y gradualmente va cada vez más lenta.

Cuando había recorrido otros treinta metros, dejé de moverme. Más adelante, la carretera tenía una ligera curva y subía una colina. Esa derrota tuvo un gran peso en mí.

Me quedé allí inclinado, con las manos en las rodillas, con arcadas, tosiendo, y batallando por recuperar el aliento. Levanté la vista y vi a Lucja muy por delante de mí. Ella me miró por un segundo, y después siguió para subir la colina corriendo.

Yo estaba furioso. ¿Cómo pudo haberme ganado? Me di media vuelta y regresé a casa caminando. Con cada paso, una cosa más se unía a la ira. El pánico.

Cuanto más saludable estaba ella y más peso perdía, mayor era mi riesgo de perderla. El día de la carrera, yo sabía que ella no se detendría, que aquella no era tan solo una fase o una moda pasajera. Ella estaba decidida, y yo sabía que seguiría adelante hasta que estuviera contenta; y cuando llegara a ese punto, ¿por qué iba a quedarse con un tipo gordo como yo?

Me desperté de nuevo pero esta vez por el ruido de los muchachos de Macau que regresaban a la carpa. Estaban entusiasmados por haber completado la primera etapa, y extendían sus kits en busca de sus cenas; fue entonces cuando Richard sacó sus auriculares y comenzó a hablarles en un idioma que me pareció ser mandarín perfecto.

A juzgar por la reacción de ellos, entendieron cada palabra que él les dijo y se lo tomaron en serio. Parecían escolares a quienes se les reprende, sin saber dónde mirar. Cuando Richard estaba terminando, me señaló a mí. Todos se me quedaron mirando en silencio, agarraron la comida de sus bolsas, y salieron de la carpa.

—¿Qué les dijiste? —preguntó Allen, el británico que estaba en la carpa.

—Les dije que esta noche tenían que estar tranquilos y ser más organizados. Tienen que organizar sus cosas antes de la cena, regresar y descansar. Que ese tipo está aquí para ganar.

Todos se giraron y me miraron.

—¿Tiene razón? —preguntó Allen—. ¿Estás aquí para ganar?

—Bueno, sí —dije yo—. No estoy aquí por diversión, si es que te refieres a eso.

Richard se rió.

—Teníamos esa impresión. No eres exactamente sociable, ¿cierto?

Yo también me reí. Ese tipo me caía bien.

—Sí, en parte se debe a que soy frío, y en parte a cómo supero estas carreras —hice una pausa—. Pero gracias por decirles eso.

Eran las seis y media de la tarde cuando salí de mi saco de dormir y me fui fuera de la yurta llevando mi bolsa de cual fuera el alimento deshidratado que iba a comer esa noche. Aunque tenemos que transportar toda nuestra comida, cama y ropa en una ultramaratón, al menos nos proporcionan el agua. Encontré algunas botellas de agua caliente y preparé mi comida deshidratada con sabor a chili y carne. No tenía casi sabor, como siempre, pero me recordé a mí mismo que no estaba allí por diversión. Tenía las calorías mínimas que yo necesitaba para seguir, y tenía que comerme todo.

Todos estaban sentados por allí charlando. Ardía una hoguera, y me gustaba la idea de descansar un rato ante su resplandor, pero no pude encontrar ninguna silla vacía, así que me agaché para comer. Después de rebañar los últimos pedazos de comida de las esquinas de la bolsa, me dirigí de nuevo a la yurta. Había sido un buen día, de hecho, realmente bueno, pero necesitaba una buena noche de sueño y un día siguiente igualmente bueno para mantener mi tercera posición. Había comenzado ese día siendo un desconocido; suponía que de ahora en adelante la gente me tendría un poco más en cuenta en la carrera, y eso podía poner difíciles las cosas.

Cuando me levanté fue cuando vi a la perrita. Tendría unos treinta centímetros de altura y el color de la arena, con grandes ojos oscuros y bigote y barbas que se veían divertidos. Iba caminando entre las sillas, apoyándose sobre sus patas traseras e intentando convencer a la gente de que le diera comida. Lograr que los corredores se separaran de parte de su comida a esas alturas de la carrera no era menos que una hazaña.

Una perrita lista, pensé. *De ninguna manera le daría comida.*

PARTE 2

5

HABÍA HECHO TANTO CALOR EN LA YURTA QUE APENAS
había podido dormir nada en la noche, pero cuando salí a la mañana
siguiente, el aire era lo bastante frío como para hacer que me estreme-
ciera. El suelo estaba mojado, y el Tian Shan que estaba más adelante
parecía estar cubierto de nubes bajas y oscuras que con toda seguridad
descargarían más lluvia sobre nosotros.

Cuando quedaban unos minutos antes de la salida a las ocho en
punto, ocupé mi puesto en la línea de salida delante en el pelotón.
Después de llegar en tercera posición el día anterior, tenía la sensación
de que ese era mi lugar.

La gente estaba mucho menos nerviosa que antes. Incluso pude
oír reír a algunos, aunque hice todo lo posible para bloquear todas las
distracciones y enfocarme en el reto que tenía por delante. Sabía que tendríamos que enfrentarnos a un kilómetro tras otro de ascenso mientras
nos dirigíamos a las montañas, seguido de algunos descensos peligrosos.
Ya estábamos a una altura de 2.200 metros, y suponía que algunos
corredores ya estarían batallando con la falta de oxígeno. Hoy las cosas
se pondrían más difíciles, al llevarnos hasta una altura de 2.700 metros.

El ruido de más risas y algunos vítores detrás de mí interrumpió mi
concentración.

—¡Es la perrita!

—¡Qué hermoso!

Miré hacia abajo y vi a la misma perrita de la noche anterior. Estaba al lado de mis pies, mirando fijamente las fundas de color amarillo brillante que cubrían mi calzado; durante un rato estuvo paralizada y moviendo el rabo constantemente. Entonces hizo algo muy extraño; levantó la mirada, y sus ojos negros contemplaron primero mis piernas, después mi pecho con la camiseta amarilla, y finalmente mi cara. Se me quedó mirando a los ojos, y yo no pude apartar la mirada.

—Eres bonita —dije en un susurro—, pero será mejor que seas rápida si no quieres que te pisotee uno de los cien corredores que irán detrás tuya.

Miré alrededor para ver si alguien llegaba y reclamaba a la perrita y la sacaba de allí antes de que salieran los corredores. Algunos de los otros corredores me miraron, sonrieron, e hicieron un gesto con la cabeza a la perrita, pero ninguno de los lugareños o del equipo de carrera pareció notarla.

—¿Sabe alguien de quién es? —pregunté, pero nadie lo sabía. Todos estaban demasiado enfocados en la segunda cuenta atrás de diez segundos para el comienzo de la carrera.

«Nueve... ocho... siete...».

Bajé la mirada. La perrita seguía a mis pies, solo que ahora había dejado de mirarme y estaba olisqueando las fundas de mis pies.

—Será mejor que te vayas, perrita, o si no te aplastarán.

«Cinco... cuatro...».

—Vamos —dije, intentando que se moviera. Fue inútil. Dio un buen mordisco a la funda amarilla, después dio un salto hacia atrás y se agachó en el suelo antes de volver a olisquear y dar otro mordisco.

Comenzó la carrera, y cuando yo salí, la perrita me siguió. El juego de las fundas era incluso más divertido ahora que se movían, y la perrita danzaba alrededor de mis pies como si fuera la mejor diversión del mundo.

Me pareció que el hermoso momento podía llegar a ser bastante molesto si continuaba por demasiado tiempo. Lo último que yo quería era tropezar con aquel pequeño chucho y causarme una lesión. Y de nuevo, sabía que había por delante un largo trecho de trazado único en el cual sería realmente difícil sobrepasar a un grupo de corredores más lentos, de modo que quería mantener el ritmo y no perder mi posición con el corredor que iba primero.

Me sentí agradecido cuando después de unos 300 metros miré atrás, y vi que la perrita no estaba allí. *Probablemente ha regresado a su dueño en el campamento*, pensé.

El sendero se estrechó, y entramos en una sección de bosque plano que duró unos cuantos kilómetros. Yo iba en segundo lugar, a unos metros por detrás de un chino al que no había visto antes. De vez en cuando él no veía alguno de los marcadores: un cuadrado de papel rosado del tamaño de una funda de CD unido a un fino clavo de metal en el suelo. Era difícil no verlos, y en las partes de bosque había uno cada tres o seis metros.

—¡Oye! —grité el par de ocasiones en que él hizo un giro equivocado y se desviaba hacia el bosque. Esperé a que él regresara al curso de la carrera, y después volví a situarme detrás de él. Supongo que podría haber dejado que siguiera adelante o haberle gritado para que se diera cuenta y después haber seguido corriendo, pero los corredores de ultramaratones tenemos cierta manera de hacer las cosas. Si queremos batir a alguien, queremos que sea porque somos más rápidos y más fuertes, y no porque hayamos hecho alguna jugarreta o nos hayamos negado a ayudar cuando podíamos hacerlo. Después de todo, al forzar nuestro cuerpo hasta el extremo que lo hacemos, todos cometemos errores de vez en cuando. Uno nunca sabe cuándo va a necesitar que alguien le ayude.

El bosque fue quedando atrás a medida que el sendero comenzó su ascenso hacia las montañas. Yo mantuve el ritmo de los 3,4 minutos por kilómetro, concentrándome en que mi zancada no dejara de ser corta y rápida. Mi cuerpo recordó las horas que había pasado con mi entrenador al lado de la cinta andadora, siguiendo el ritmo de la cadencia rápida con la que él quería que corriera. Sus gritos diciendo «uno-dos-tres-uno-dos-tres» fueron como una tortura al principio, pero después de varias sesiones de pasar una hora entera corriendo de ese modo, tres minutos de carrera y uno de descanso, mis piernas finalmente captaron el mensaje. Si yo quería correr rápido y no volver a sentir el dolor incapacitante, no tenía otra opción, sino la de aprender a correr de esa manera.

Por el rabillo del ojo vi que algo se movía, y me forcé a mirar hacia abajo durante una fracción de segundo. Era de nuevo la perrita. Esta vez no estaba interesada en las fundas de mi calzado, sino que, en cambio, parecía contenta solamente por ir trotando a mi lado.

Pensé: *Qué extraño. ¿Qué está haciendo aquí?*

Seguí adelante y encaré la cuesta. Zeng, un corredor chino y experimentado de ultramaratones, se había alejado un poco de mí, y yo no oía a nadie que estuviera a mis espaldas. Éramos solamente la perrita y yo, lado a lado, corriendo por el camino en zigzag. El sendero quedaba interrumpido por una zanja hecha por la mano del hombre. Tenía solamente noventa centímetros, y yo no le di importancia, saltando por encima del agua que discurría con rapidez sin perder zancada.

Sabía que la perrita se había quedado atrás. Comenzó a ladrar, y después a hacer un extraño sonido llorón. No me giré para mirar. Nunca lo hago. En cambio, mantuve mi mente en la carrera y seguí adelante. Por lo que a mí respectaba, la perrita pertenecía a alguien que estaba cerca del campamento. La pequeña había realizado un buen entrenamiento ese día, les había sacado a algunos corredores algo de comida alta en calorías, y ahora ya era momento de que regresara a casa.

Cuando yo tenía quince años, le dije a mi madre que me iba de mi sórdida celda en el piso de abajo para ir a vivir con un amigo, ella apenas se inmutó. Supongo que como yo me quedaba en casa de amigos siempre que podía, y también porque cuando estaba por allí, mamá y yo nos peleábamos sin tregua, intercambiando insultos como si fuéramos boxeadores en un pesaje, no supuso tanta sorpresa. De hecho, probablemente fue un alivio.

Me mudé a casa de un muchacho llamado Deon.

—¿Dion y Deon? —dijo la mujer que regentaba la pensión para jóvenes cuando Deon me presentó—. Estás bromeando, ¿no?

—No —dijo Deon—. Es así.

Ella resopló y se alejó musitando:

—Ahora ya lo he oído todo.

Deon era un año mayor que yo, ya había dejado la escuela, y era aprendiz de albañil. Tenía sus propios problemas en su casa: una mamá a quien no parecía importarle y un padrastro que centraba toda su atención en su propia hija, la hermanastra menor de Deon.

Aunque ambos finalmente éramos libres de las peleas en casa, a ninguno de los dos nos emocionaba demasiado la vida en la pensión. Las paredes eran como papel de fumar, y todas las otras personas que vivían allí eran más mayores y nos asustaban. La pensión estaba llena de personas sin techo, viajeros y borrachos. Siempre desaparecía la comida de las zonas comunes, y casi no pasaba una noche sin que todos se despertaran debido al ruido de alguna pelea.

Aunque yo seguía estudiando en la escuela, también tenía un empleo a media jornada en la *servo* poniendo gasolina. Eso me daba un poco de dinero pero no suficiente, y tenía que confiar en que Deon cubriera lo que faltara cada semana.

A duras penas me las arreglaba para estar al día con mis tareas escolares, pero ninguno de mis maestros mostraba ninguna señal de interés en dónde vivía yo o cómo me iba la vida fuera de casa. De hecho, no creo que ninguno de ellos supiera nada de mi nueva situación de vida, y yo quería que siguiera siendo así. Me avergonzaba regresar a la pensión, e intentaba ocultar la verdad a mis compañeros de clase con sus hogares familiares perfectos y amorosos.

Deon era el tipo de muchacho que era capaz de cautivar hasta a los pájaros de los árboles. Nos escabullíamos al pub la noche del viernes o el sábado, nos bebíamos unas cervezas, e intentábamos seducir con palabras a algunas chicas. Yo dejaba que Deon fuera quien hablara, al igual que también dejaba que fuera él quien bailara. Los tipos australianos de ciudades como la mía no bailaban en aquellos tiempos, y era casi inevitable que cuando Deon finalmente salía de la pista de baile, tuviera que aguantar malas palabras y algunos puñetazos. Él tan solo se reía de eso.

Un domingo en la tarde mientras estábamos tumbados en nuestras literas dejando pasar el tiempo, oímos gritos en el corredor de fuera. Alguien estaba gritando el nombre de Deon, diciendo que iba a matarlo por haberse acostado con su novia.

Los dos nos quedamos helados. Yo miré fijamente a Deon, quien por primera vez parecía estar verdaderamente temeroso por su vida. Los dos intentábamos parecer tipos duros cuando estábamos en la pensión, pero éramos solamente unos muchachos, y en aquel momento estábamos aterrados de que estuvieran a punto de machacarnos la cabeza. Afortunadamente, esos tipos no sabían en qué cuarto estábamos, y siguieron recorriendo el pasillo hasta que al final se fueron. Aquella fue una conmoción suficiente para hacer que nos fuéramos de la pensión lo antes posible.

El Grand Hotel supuso una ligera mejora con respecto a la pensión, pero no es que fuera en realidad un hotel; era tan solo un pub con algunas habitaciones rentadas arriba. En lugar de adictos, borrachos y tipos sin hogar, el Grand era el hogar de tipos que trabajaban en el ferrocarril o en la planta local de empaquetado de carne. Uno era exjugador de polo que una vez había ganado al mejor campeón nacional, pero había desperdiciado todo su talento en la bebida. Otro era un viajero que se había quedado sin dinero y sencillamente decidió hacer de Warwick su hogar. A mí me gustaba escucharlo hablar. Decía: «Cualquier lugar puede estar bien, mientras aceptes lo que tiene de malo».

Me sentía mucho más feliz en el Grand que en la pensión. Me gustaba estar en compañía del tipo de personas que habían elegido su suerte y estaban contentas con ella, incluso si eso significaba no tener la esposa perfecta, la casa perfecta y la familia perfecta. Al vivir entre ellos me sentía libre, y por primera vez en años sentí que todas las cosas que mi mamá me había dicho sobre que no valía para nada y no era querido, que siempre metía la pata y era una decepción, podrían no necesariamente ser verdad. Quizá yo podía aprender a salir adelante, después de todo.

Los ladridos y los lloriqueos continuaron hasta que hube recorrido seis metros desde la zanja. Entonces hubo silencio. Tuve un momento de esperar que la perrita no se hubiera caído al agua, pero antes de poder pensarlo mucho más tiempo, hubo un destello de color marrón a mi lado. La perrita estaba otra vez a mi lado.

Eres una perrita decidida, ¿no es cierto?

Poco después, el camino se volvió incluso más empinado a la vez que descendía la temperatura. El aire frío me había dejado insensibles la cara y los dedos, pero yo estaba sudando. El aumento de altitud hacía que me costara más respirar y sintiera la cabeza un poco mareada. Si quería correr sin detenerme todo el camino de ascenso por la montaña, sabía que tendría que atacar incluso más de lo usual.

No me gusta nada correr por la montaña. Aunque vivo en Edimburgo y estoy rodeado por la belleza de las Tierras Altas escocesas, evito correr subiendo colinas siempre que me es posible, en especial cuando todo está mojado, hace frío y viento; pero dame un desierto con mucho calor, y estaré tan contento como cualquier otro corredor que haya allí.

La gente me pregunta con frecuencia por qué me gusta tanto correr bajo el calor. La respuesta es sencilla: siempre he sentido la mayor libertad cuando estoy corriendo bajo un sol abrasador.

Comenzó cuando yo era un niño. Después de la muerte de Garry, recurrí al deporte con la esperanza de encontrar refugio de los problemas que había en casa. Me pasaba horas al aire libre jugando al críquet o al *hockey;* el tiempo se detenía cuando yo estaba fuera, y cuanto más corría y me forzaba a mí mismo, cuanto más me costaba respirar y más fuerte me latía el corazón, más se aquietaban la tristeza y el dolor en mi interior.

Quizá se podría decir que correr bajo el calor era una forma de escape. Lo que sé con seguridad es que mientras corría en el desierto del Gobi, ya no lo hacía para alejarme de mi pasado. Corría hacia mi futuro; corría con esperanza, y no con tristeza.

Mi ritmo disminuyó a medida que cada paso se convertía en una batalla. Había nieve alrededor de mí, y en cierto momento el camino discurría a lo largo de un glaciar; otras veces la montaña se desprendía por el costado. Suponía que habría unas vistas bastante dramáticas a esa altura, pero estaba agradecido de que las nubes estuvieran a tan baja altura que era imposible ver nada más que una espesa pared de neblina gris. La experiencia era surrealista, y estaba ansioso por que terminara.

Finalmente estaba a la vista el puesto de control, y oía a personas gritar los vítores comunes. Cuando vieron a la perrita, gritaron con un poco más de fuerza.

—¡Ahí está otra vez esa perrita!

Casi me había olvidado de la perrita que iba a mi lado. Todo el tiempo que yo había estado batallando al ascender el monte, la perrita había seguido mi ritmo, saltando a mi lado como si correr a 760 metros de altura fuera lo más natural del mundo.

Cuando llegué al puesto de control, me enfrenté a la batería usual de preguntas sobre cómo me sentía y si había estado bebiendo agua. Los puestos de control están ahí para dar a los corredores una oportunidad de rellenar sus botellas de agua, pero también es una ocasión para que el equipo de carrera compruebe cómo estamos y se asegure de que estamos bien para seguir adelante.

Esta vez, sin embargo, fue la perrita quien se llevó mucha más atención que yo. Un par de voluntarios tomaron algunas fotografías mientras la perrita olfateaba por la carpa. En cuanto mis botellas estuvieron llenas y estaba listo para seguir, salí, esperando a medias que ese pudiera ser el punto en que la perrita decidiera dejarme a cambio de obtener una mejor fuente de comida.

Pero cuando mis fundas amarillas y yo comenzamos a correr, la perrita se puso a mi lado enseguida.

Si el ascenso hasta la cumbre de la montaña había sido duro, entonces el descenso lo superó en efecto. Durante más de ocho kilómetros la ruta me llevó directamente por un camino cubierto de rocas y piedras sueltas. Era brutal para las articulaciones pero, como cualquier corredor, yo sabía que si corría a menos del cien por ciento, quien fuera detrás de mí me alcanzaría.

Y eso fue exactamente lo que sucedió. Me sentía lento y batallaba para lograr acercarme a mi ritmo máximo en el descenso, y poco después Tommy me pasó volando, seguido rápidamente por Julian, el rumano.

Estaba molesto conmigo mismo por haber dado demasiado en el ascenso. Había cometido un error básico, el tipo de error que pensaba que ya había dejado atrás.

Me examiné a mí mismo. Estar molesto podía conducirme a cometer otro error básico. Algunas veces en el pasado me había permitido obsesionarme por algún error que había cometido. Durante el curso de algunos kilómetros se iba acumulando cada vez más la frustración, hasta que perdía todo el interés en la carrera y me retiraba.

Intenté distraerme concentrándome en el paisaje. En cierto punto del descenso de la montaña vi un lago gigantesco delante de nosotros, que se extendía muy ancho y oscuro por debajo de los cielos grises. Cuanto más me acercaba, más claro estaba que no era un lago, sino una extensión inmensa de arena y grava oscuras.

Cuando el camino se allanó, me situé en un ritmo regular de cuatro minutos por kilómetro, apareciendo en el último puesto de control pero sin molestarme en detenerme para repostar agua. Vi a Tommy, Zeng y Julian por delante, y descubrí que no habían abierto una brecha tan grande como yo me temía. Iban compitiendo duro entre ellos, y como quedaba un trayecto de un kilómetro, no había modo alguno en que yo pudiera alcanzarlos; pero no me importó tanto. Me sentía satisfecho con poder terminar fuerte y sin ninguna indicación de dolor en mi pierna. Podía oír los tambores que tocaban cada vez que un corredor cruzaba la línea de meta, y sabía que terminar en cuarto lugar el día quizá fuera suficiente para mantenerme en tercer lugar en la general.

Al igual que en cada uno de los puestos de control de ese día, la perrita fue el centro de la atención en la meta. Algunas personas tomaban fotografías y filmaban, vitoreando a la pequeña masa color marrón cuando cruzó la línea. A la perrita parecía gustarle la atención, y yo podía jurar que estaba jugueteando ante la multitud agitando su rabo incluso con más rapidez.

Tommy había llegado uno o dos minutos por delante de mí, y se unió a los aplausos.

—¡Vaya perrita, hombre! ¡Te ha estado siguiendo todo el día!

—¿Ha bebido agua? —preguntó uno de los voluntarios.

—No tengo ni idea —dije yo—. Quizá bebió de algunos de los arroyos en el camino.

Me sentí un poco mal por eso; no me gustaba la idea de que tuviera sed o hambre.

Alguien encontró un pequeño cubo y le dio agua a la perrita; ella la acogió con entusiasmo, obviamente porque estaba sedienta.

Yo me retiré, pues quería dejar beber a la perrita y alejarme un poco de las multitudes. Otra vez pensé que podría irse y encontrar a otro a quien seguir, pero no lo hizo. En cuanto terminó de beber, levantó la vista, fijó su mirada en mis fundas amarillas, y trotó hasta estar a mi lado. Iba conmigo dondequiera que yo iba.

Hacía calor en el campamento, y yo estaba contento de haber dejado atrás ese horrible frío alpino en las montañas. A partir de entonces, la carrera se trataría de aguantar el calor y no de luchar contra el frío. Desde el día siguiente en adelante estaríamos en el desierto de Gobi. Yo estaba ansioso por empezar esa etapa.

En cuanto me senté en la carpa, la perrita se acurrucó a mi lado; y yo comencé a pensar en gérmenes y enfermedades. Durante una carrera larga es crucial mantener la máxima limpieza posible porque, al no tener acceso a duchas ni a lavabos, es fácil enfermarse a causa de cualquier cosa que uno toque. La perrita me miraba a los ojos, al igual que había hecho esa misma mañana. Me quedaban algunas horas antes de mi comida de las seis y media, así que saqué uno de los paquetes de frutos secos y biltong. La mirada fija de la perrita era inquebrantable.

Con un pedazo de carne a medio camino de llegar a mi boca, me di cuenta de que no había visto a la perrita comer nada en todo el día. Había corrido la mayor parte de una maratón, y aun así no intentaba suplicar ni robar nada de la comida que yo tenía delante.

«Ahí tienes», dije a la vez que lanzaba la mitad de la carne a la lona impermeable, pues el instinto me decía que darle de comer con la mano no era un riesgo que yo quería correr. La perrita masticó, tragó, dio unas cuantas vueltas, y se tumbó. A los pocos segundos estaba roncando, después se retorció y luego lloriqueó mientras dormía cada vez más profundamente.

Yo me desperté por el ruido de hombres adultos que murmuraban con admiración como si fueran escolares.

—Ah, ¿no es bonita?

—¿No es la perrita de anoche? ¿Oíste que ella lo siguió todo el día?

Ella. La perrita había corrido conmigo todo el día, y yo nunca pensé en comprobar si era macho o hembra.

Abrí los ojos. La perrita me miraba con sus ojos clavados en los míos más profundamente de lo que pensé que fuera posible. Lo comprobé. Ellos tenían razón. No era un él; era una ella.

—Sí —les dije a Richard y al resto de los muchachos—, estuvo conmigo todo el día. Tiene un buen motorcito en su cuerpo.

Algunos de los muchachos le dieron de comer, y ella aceptó otra vez cualquier cosa que le daban, pero amablemente. Era casi como si supiera que ahí la estaban atendiendo bien, y debía mostrar su mejor comportamiento.

Les dije a los muchachos que me había estado preguntando de dónde provenía la perrita, y que había supuesto que pertenecía a quien fuera el dueño de las yurtas en las que nos habíamos quedado la noche anterior.

—No lo creo —dijo Richard—. Oí decir a algunos de los otros corredores que les acompañó en la duna ayer.

Eso significaba que ella había recorrido casi ochenta kilómetros en dos días. Yo estaba asombrado.

También significaba que no pertenecía a las personas que estaban en el campamento anterior o a alguno de los organizadores de la carrera.

—Ya sabes lo que tienes que hacer ahora, ¿verdad? —dijo Richard.

—¿Qué?

—Tienes que ponerle un nombre.

6

DEJÉ DE CORRER MENOS DE UN PAR DE KILÓMETROS después y maldije mi estupidez.

Las últimas veinticuatro horas nos habían traído todo tipo de cambios de tiempo, desde la nieve y la lluvia de las montañas hasta el calor seco que nos saludó cuando bajamos hasta el campamento. Durante toda la noche, fuertes vientos habían sacudido los costados de la carpa, y cuando me levanté la temperatura era la más fría de cualquier comienzo de carrera.

El frío me molestaba. Había estado esperando con ganas ese día, sabiendo que iba a ser más llano y más caluroso pero, en cambio, había estado tiritando en la línea de salida. Mientras los otros corredores realizaban sus rutinas antes de la carrera, yo me había quitado la mochila, había rebuscado en el interior y había sacado mi chaqueta ligera, trastocando por completo mi comienzo de carrera que normalmente es preciso y está detalladamente preparado.

Y ahora me la quitaba de nuevo. Después de algunos minutos había salido el sol, y la temperatura había comenzado a subir. Eso debería haberme alegrado, pero podía sentir que comenzaba a recalentarme con esa ropa mojada por el sudor. Con cinco horas de carrera que tenía por delante, no tenía otra opción sino detenerme.

Mientras abría las cremalleras y clips de plástico y me quitaba la chaqueta, noté que Tommy, Julian y otros dos me pasaban y ocupaban la delantera.

Entonces se aproximó otro corredor más, y yo sonreí.

—Hola, Gobi —dije yo usando el nombre que le había puesto la noche anterior—. Cambiaste de idea, ¿no es cierto?

Ella había pasado la noche acurrucada a mi lado, pero cuando me situé en la línea de salida esa mañana, ella había desaparecido entre la multitud de los demás corredores. Yo había estado demasiado enfocado en el tiempo atmosférico como para preocuparme por ella; además, si las veinticuatro horas previas me habían enseñado algo, fue que ella era una perrita con decisión. Si tenía otros planes para el día, ¿quién era yo para detenerla?

Pero allí estaba Gobi, mirándome mientras yo cerraba mi bolsa, y después mirando las fundas de mis pies. Ella estaba lista para correr. Y yo también.

Me esforcé mucho para alcanzar a los líderes, y poco después iba detrás de ellos. Sabía que un largo trecho de la carrera pasaba por una sección de piedras grandes, y recordaba cuán ligeros habían estado los pies de Julian cuando llegamos a un terreno parecido el primer día. No me gustaba la idea de observar cómo volvía a sacarme ventaja, de modo que me forcé y sobrepasé al tercero y cuarto corredor, y después alcancé a Julian y a Tommy.

Volver a estar a la cabecera era una buena sensación. Sentía fuertes mis piernas, y llevaba la cabeza alta. Podía oír que la brecha que había entre los otros corredores y yo se hacía cada vez más grande con cada minuto que pasaba. Podía correr rápido, y cuando comenzaba a cansarme, lo único que tenía que hacer era echar una rápida mirada a Gobi. Ella no sabía nada sobre técnicas de correr o estrategias de carrera; ni siquiera sabía lo lejos que yo planeaba correr a lo largo del día. Ella corría en libertad, corriendo porque había sido creada para hacer eso.

Yo seguí los marcadores de rumbo de color rosa todo el camino hasta la parte de las piedras grandes. El camino llano por el que iba giraba hacia la derecha, pero los marcadores seguían en línea recta, atravesando las piedras que parecían grandes, inestables y como si fueran a hacer casi imposible mantener ningún tipo de ritmo regular. Pero no había modo alguno de evitarlas, y yo corría peleándome, sintiendo que las piedras más pequeñas se movían debajo de mis zancadas. Esperaba no torcerme un tobillo, y envidiaba la capacidad de Gobi de saltar sin ningún esfuerzo sobre ellas.

Sabía que Julian iba a ser más rápido que yo en esa parte, y mientras nos aproximábamos a la cumbre, podía oír que se iba acercando. Pero cuando llegué finalmente a la cumbre, en lugar de empujar y seguir delante e intentar mantener la distancia tanto como pudiera, me quedé helado.

Desde allí arriba podía verlo todo. El puesto de control se veía en la distancia, con una pequeña aldea que atravesaríamos antes de llegar a él. Podía ver que la sección de las piedras se escabullía delante de nosotros durante otros trescientos metros, los marcadores color rosa que trazaban el curso a medida que volvía a ser un camino llano que conducía a la aldea, el puesto de control, y más allá.

Nada de eso era lo que yo estaba mirando.

Mi vista, al igual que la de Julian y los otros dos corredores que habían ido a su lado, estaba totalmente fija en la figura solitaria que seguía corriendo hacia la derecha.

Era Tommy.

—¡Vaya! —dijo Julian—. No es por ahí.

Era obvio que Tommy se había saltado toda la parte de las piedras y había ganado un poco de tiempo. Según mis cálculos, había logrado sacarnos diez minutos.

Los tres estábamos furiosos, pero Tommy estaba demasiado alejado para oírnos si le gritábamos; por lo tanto, seguimos la marcha como grupo con un fuego renovado en nuestro ser, decididos a alcanzarlo.

Podíamos ve a Tommy en el puesto de control que había delante cuando pasamos por la aldea, pero cuando nosotros llegamos, él había desaparecido por una cresta que había a unos cientos de metros de distancia.

Yo decidí pausar el tiempo suficiente para hacer sonar la alarma y asegurarme de que alguien anotara lo que había sucedido. El miembro del equipo organizador se me quedó mirando como si yo fuera un idiota cuando intenté explicarlo por primera vez.

—¿Puede decir eso otra vez, por favor? —me dijo ella.

—Tommy Chen se saltó toda la parte rocosa ahí atrás. No sé si lo hizo a propósito, pero no es justo.

—Lo investigaremos más tarde —dijo ella, rechazándome en seco.

—Tommy tomó el camino más corto —dijo Zeng, que había estado con nosotros y lo había visto todo—. Eso no es correcto.

De nuevo, a ella no pareció importarle demasiado, y poco después salíamos del puesto de control e intentábamos alcanzar a Tommy. Él iba por delante de nosotros casi un kilómetro y medio de terreno difícil, pero yo tenía la furia de mi lado. Aumenté el ritmo hasta cuatro minutos por kilómetro y pensé en pescarlo. Julian y los otros se quedaron un poco atrás, pero no me importó. Yo tenía una misión.

El camino era ondulante, y hubo solo unas cuantas veces en que pude ver a Tommy con claridad. En cierto momento había solamente menos de un kilómetro de distancia entre nosotros cuando él se giró, me vio corriendo deprisa hacia él, miró hacia adelante, y salió corriendo a toda la velocidad que pudo.

Yo no podía creerlo.

En estas carreras hay cierto protocolo. Cuando te das cuenta de que has obtenido una ventaja injusta sobre otro corredor, disminuyes el ritmo, dejas que te alcance, y permites que se restablezca el orden adecuado. Cuando te han pillado *in flagranti* como le había sucedido a Tommy, lo decente es disculparte enseguida y mostrar un poco de humildad.

Lo único que Tommy me mostró fueron sus talones.

Yo lo seguí, pero después de haberme esforzado tanto para cerrar la brecha, y al haberme permitido enfurecerme tanto, pronto me sentí cansado. Oí zancadas a mis espaldas, y Julian me sobrepasó. El calor comenzaba a aumentar, y la carrera pasó a un camino largo y llano que se extendía durante kilómetros en la distancia. Comencé a sentir aburrimiento, y después frustración conmigo mismo.

Experiencias anteriores me habían enseñado que sentirme de ese modo era tóxico; pero también me habían enseñado cómo manejarlo.

En el primer ultramaratón que corrí, una maratón completa con una vuelta se diez kilómetros añadida al final, había comenzado a sentirme cansado cerca de la marca de los treinta y dos kilómetros. Cuando me acercaba a los cuarenta y dos, ya no podía más. No estaba disfrutando de la carrera, y estaba harto de que me adelantaran hombres y mujeres que eran mucho mayores que yo. Lo había hecho tan solo para hacer compañía a Lucja, y aunque estaba a punto de completar los cuarenta y dos kilómetros en un respetable tiempo de 3:30, abandoné interiormente. Salí de la pista, me dirigí de regreso al auto, y esperé a que llegara Lucja.

Pasaron horas.

Mientras estaba sentado en el auto y observaba al resto esforzarse como yo no estaba preparado para hacer, comencé a sentir que me había decepcionado a mí mismo.

El grupo había disminuido, y las únicas personas que seguían corriendo eran el tipo de personas para las que parecía que ese evento era un logro único en la vida. Lucja estaba más en forma, era más rápida y más fuerte que todos ellos, y yo comenzaba a preguntarme qué había sucedido. Finalmente salí del auto y regresé caminando durante el último kilómetro y medio del trazado, buscándola. Poco después la encontré, corriendo lentamente al lado de un hombre que obviamente tenía una lesión bastante grave en la pierna. Lucja había batallado con la fatiga hacia el final de la carrera, pero había resistido.

La observé cruzar la línea de meta y sentí que comenzaba a quedarme sin palabras. La fortaleza mental y la compasión que mostró Lucja aquel día se han quedado conmigo desde entonces. Intento imitarla con frecuencia cuando voy corriendo, y en el mejor de los casos puedo seguir adelante y superar todo tipo de dolor e incomodidad; pero hay días en que las voces que me llaman a abandonar gritan más alto que las voces que me llaman a seguir adelante. Esos son los días más difíciles de todos.

Mientras observaba a Julian desaparecer en la distancia y trataba de no pensar en lo adelantado que estaba ya Tommy, sabía que extrañaba a Lucja; pero una rápida mirada hacia abajo a Gobi fue suficiente para recuperar el enfoque y alejar mi mente de lo que había pasado con Tommy. Ella seguía a mi lado, todavía dando saltos. Tan solo por estar ahí, Gobi me hizo querer seguir adelante.

El trecho largo y llano terminó y dio lugar a matorrales. Yo había notado durante la primera parte de la carrera que si Gobi veía un arroyo o un charco, ocasionalmente salía del curso y bebía. Desde la parte de las piedras no habíamos visto agua por ninguna parte, y me preguntaba si quizá sería necesario que le diera a beber de mi propia agua. No quería detenerme, pero también comenzaba a sentirme responsable del bienestar de la perrita. Ella no era un animal grande, y sus patas no eran mucho más largas que mis manos. Toda esa carrera debió de haberle pesado mucho.

Por lo tanto, al menos inicialmente, quedé aliviado cuando vi que más adelante había unos arroyos. Gobi se fue trotando y bebió de uno de ellos, pero si hubiera podido ver lo que yo podía ver, seguramente no habría estado tan contenta.

Más allá del arroyo podía ver a Julian, en el costado más alejado de un río que debía de tener una anchura de al menos cuarenta y cinco metros. Recordé que los organizadores habían hablado de eso mientras yo estaba tiritando en la línea de salida unas horas antes. Me llegaría hasta las rodillas, pero era posible atravesarlo.

El ver a Julian me animó, y no vacilé en meterme en el agua, comprobando que mi bolsa estuviera bien sujeta y bien alta sobre mi espalda. Estaba más fría de lo que había imaginado, pero recibí muy bien la oportunidad de refrescarme un poco.

Pronto quedó claro que el agua sin duda me llegaría a las rodillas, y posiblemente incluso más alto. La corriente también era rápida, y combinada con las piedras resbaladizas que había debajo, me sentía inestable. Podía manejar el continuar la carrera con el calzado mojado, porque poco después se secaría; pero si resbalaba, me caía y se me mojaba la bolsa, eso no solo me haría sentir pesado e incómodo, sino que la mayor parte de mi comida para el resto de la semana quedaría estropeada. Un mal paso, una pequeña caída, y mi carrera podría haberse terminado.

Estaba tan centrado en lograr cruzar que no me detuve a pensar en Gobi. Creo que supuse que ella encontraría su propio camino para cruzar el río, al igual que había hecho con la zanja el día anterior.

Esta vez, sin embargo, sus ladridos y lloriqueos no cesaban. Con cada paso que yo daba, eran más desesperados.

Había cruzado ya una cuarta parte del río cuando finalmente hice lo que nunca había hecho antes en una carrera. Me di la vuelta.

Ella estaba en la ribera, corriendo de un lado a otro y mirándome fijamente. Yo sabía que Julian iba por delante unos minutos, pero me preguntaba cuánto tiempo pasaría antes de que alguien se situara por detrás de mí. Si regresaba, ¿perdería una posición y también valiosos minutos?

Regresé corriendo lo mejor que pude, la agarré por debajo de mi brazo izquierdo, y volví a meterme en el agua fría. No la había cargado antes, y ella era mucho más ligera de lo que yo había imaginado que pesaría. Aun así, fue mucho más difícil cruzar con ella. Utilizando solamente mi brazo derecho para tener equilibrio, seguí adelante.

Resbalé más de una vez, en una ocasión bajando mucho mi costado izquierdo, haciendo que Gobi y la parte de abajo de mi bolsa (supuse yo) se mojaran. Pero Gobi no se quejó, ni tampoco se sacudió ni intentó escaparse. Se mantuvo quieta, permitiéndome hacer mi trabajo y mantenerla a salvo.

La bajé al suelo otra vez cuando llegamos a un pequeño islote que había en el medio, y ella trotó por allí como si todo aquello fuera una gran aventura. Cuando comprobé que mi bolsa no estaba muy mojada y me aseguré de subirla tan alto como pudiera sobre mi espalda, llamé a Gobi, que inmediatamente regresó corriendo. La cargué y continué el camino como antes.

Ella salió corriendo hasta la ribera al otro lado mucho más rápidamente que yo, y cuando me limpié el barro y la broza, Gobi ya se había sacudido y me miraba fijamente, obviamente preparada para regresar a la carrera.

El camino de tierra que teníamos por delante nos condujo a otra zanja hecha por la mano del hombre, aunque esta era más grande que la anterior que Gobi había saltado. Yo no me detuve esta vez, tan solo la agarré y la levanté por encima de la zanja.

Hubo un momento cuando la tuve delante de mi vista, con su cara al mismo nivel que la mía, en que juré que me lanzó una mirada genuina de amor y gratitud.

—Estás lista, ¿no es así, muchachita? —dije, incapaz de dejar de sonreír cuando volví a bajarla al suelo y observé que comenzaba a dar saltos—. Vamos allá.

Cuando levanté la mirada fue cuando vi a un hombre viejo montado en un asno. Nos observaba a ambos, con su rostro sin mostrar expresión alguna.

¿Cómo debo de verme?, me pregunté.

7

A LOS ORGANIZADORES DE CARRERAS LES GUSTA
bromear con los corredores, y el trecho final del día seguía durante
kilómetros. El GPS de mi reloj me decía que estábamos cerca del final,
pero no podía ver por ninguna parte el campamento; lo único que podía
ver era el camino que desaparecía en la distancia, subiendo y bajando
por una serie de crestas.

Yo iba a un par de kilómetros, y según mis cálculos había perdido tanto tiempo cuando había disminuido el ritmo anteriormente y
después cuando había ayudado a Gobi a cruzar el río, que Tommy y
posiblemente incluso Julian ya habrían terminado; por lo tanto, quedé
sorprendido cuando subí una de las crestas y los vi a los dos a kilómetro
y medio por delante. Ninguno de ellos parecían seguir un ritmo decente; en cambio, a mí me pareció como si fueran caminando. Me pregunté
si, quizá, Tommy se había retrasado deliberadamente para permitir que
otros lo alcanzaran y así enmendar el haberse saltado la parte de las
piedras; o quizá tan solo estaba batallando bajo el calor y no podía ir
más rápido.

En cualquiera de los casos, pensé que podría tener una oportunidad
de estrechar la brecha que había entre nosotros, pero quería hacerlo sin
que ellos lo supieran. No quería que se dieran cuenta de que los estaba

persiguiendo y que ellos aceleraran su propio ritmo, pues yo tenía tan solo energías limitadas para el día. Cuando el camino descendió de nuevo, ocultándome a mí de la vista, corrí todo lo rápido que pude. Cuando llegué a lo alto y pude ser visto otra vez, disminuí el ritmo. A Gobi le pareció muy divertido todo aquello y me forzaba mucho en los *sprints*.

No vi a Tommy ni a Julian durante las dos primeras crestas, pero cuando subí la tercera, la brecha entre nosotros era la mitad. Sin ninguna duda ellos iban caminando, y yo corrí incluso más deprisa durante los dos descensos siguientes.

Sabía que me iba acercando con cada *sprint* que hacía, y cuando subí por quinta vez, con mis pulmones que me quemaban, apenas iba sesenta metros por detrás de ellos. Estaban a punto de desaparecer de la vista durante el último descenso, y pude ver que por delante estaba la línea de meta.

Tenía tiempo para un último *sprint* antes de cambiar de táctica y comenzar a correr con un poco de cautela. Lo último que quería era alertarlos para que se dieran cuenta de que los perseguía, así que pasé de correr lo más rápido que pude a correr tan silenciosamente como podía.

Manteniendo mi zancada principalmente sobre los dedos de los pies y con cuidado de evitar que salieran despedidas piedras, cien metros pronto se convirtieron en cincuenta; después en treinta, y luego en veinte. Me sorprendía que ninguno de ellos me oyera ni mirara atrás.

Cuando la brecha era de nueve metros, y la línea estaba a otros treinta metros por delante de ellos, decidí que estaba lo bastante cerca y corrí a la velocidad más rápida que pude. Me acerqué unos pasos más antes de que Julian se girara y me viera, pero aunque Tommy comenzó a correr, yo había ganado demasiado terreno como para que cualquiera de ellos lo compensara.

Crucé la línea en primer lugar, con Gobi cerca de mis talones en segundo lugar. El sonido de los tambores de meta no pudo ahogar los gritos y vítores de la pequeña multitud de organizadores y voluntarios.

Yo sabía que los pocos segundos que le había sacado a Tommy no supondrían ninguna diferencia cuando se tratara del final de la carrera de siete días, pero sentía que fue una buena manera de responder a lo que había sucedido. Quería que él supiera que aunque yo lo respetaba a él y todo lo que había logrado como corredor, no iba a quedarme sentado y permitir que él lo tuviera todo a su manera. Si quería ganar, tendría que batallar conmigo en la pista de manera justa.

—Eso fue increíble —dijo una de los organizadoras de la carrera—, estás haciendo una súper carrera.

—Gracias —dije yo. Pero no quería que me subieran el ego. Quería ver cómo iba a manejar ella la situación de Tommy—. ¿Podemos charlar usted y yo hoy un poco más tarde sobre el recorte de recorrido de Tommy Chen antes del puesto de control 1? Ahora no tengo ánimos, pero usted necesita saber lo que ocurrió hoy.

Ya no sentía gran parte del enojo, pero sabía que aun así tenía que tener cuidado con lo que decía; después de todo, Tommy era la estrella del espectáculo.

Terminé dando mi versión de los hechos y esperando en la carpa con Gobi acurrucada a mi lado mientras continuaba la investigación. La mujer que hacía las preguntas habló también con los otros corredores, el equipo del puesto de control, y Tommy. Yo había dicho que creía que sería justo aplicarle un castigo de quince minutos, pero al final añadieron a Tommy cinco minutos al tiempo que había logrado ese día.

Yo quedé un poco decepcionado y quizá un poco preocupado sobre cómo se lo tomaría Tommy. Salí a buscarlo y lo encontré en su carpa. Estaba llorando.

—¿Tienes un minuto para hablar, Tommy?

—No vi los marcadores —dijo él en cuanto salimos.

A mí me pareció que eso era improbable. Esos pequeños cuadros color rosa eran difíciles de pasar por alto, y cualquier corredor experimentado que pase tiempo en la primera posición aprende rápidamente cuán importante es mirar continuamente la ruta que hay por delante y mantenerse en la pista. Además, él iba detrás de mí en ese momento, y era difícil no ver mi camiseta de color amarillo brillante. Pero quizá él decía la verdad.

—Muy bien —dije—. No quiero ningún mal sentimiento por lo que pasó hoy. Ahora ha quedado zanjado. No guardemos ningún rencor, ¿de acuerdo?

Él me miró, con una expresión firme y ya sin lágrimas.

—No lo hice con intención. No vi los marcadores.

Yo lo dejé ahí. No había nada más que decir.

Ya de regreso en mi carpa obtuve un poco de ánimo por parte de Richard y Mike por haber terminado en primer lugar, pero querían hablar del incidente con Tommy. Yo no estaba muy interesado en hablar de eso, y quería dejar atrás todo ese episodio.

—Me quito el sombrero ante ti, Dion —dijo Richard—. Hiciste algo bonito ahí fuera.

—¿Por qué?

—Los corredores que íbamos detrás lo agradecemos. Todos tenemos que ceñirnos a las mismas reglas.

—Sí, bueno, veremos de lo que Tommy es capaz realmente mañana —dije yo—. Quizá lo que he hecho es alborotar un gallinero de problemas para mí mismo.

Esa noche tampoco dormí mucho. Hacía calor en la carpa, y tenía demasiado ruido ambiental en mi cabeza. En cierto momento, Richard salió para ir al baño, y cuando regresó, Gobi le gruñó. Me agradaba la sensación de que ella se estaba ocupando de mí.

El día siguiente era una sesión en el desierto por terreno rocoso y duro bajo un sol cruel. La noche antes ya habíamos acordado que sería demasiado para Gobi, de modo que ella viajaría hasta el campamento siguiente en uno de los vehículos de los voluntarios. Me levanté temprano, y estaba fuera de mi carpa mucho antes de mi marca usual de quince minutos, intentando saber quién iba a llevar a la perrita y asegurarme de que iban a mantenerla fresca e hidratada a lo largo del día.

Cuando llegó el momento de la despedida, sentí un diminuto escalofrío de preocupación por ella. Estaba muy claro que la perrita se había unido mucho a mí, pero ¿estaría bien ese día con un grupo de desconocidos?

La carrera de ese día fue difícil desde el comienzo, en parte debido al cambio en el terreno. Mientras que el día anterior había presentado una mezcla de caminos ondulantes, ríos y piedras para mantener alerta a los corredores, el cuarto día era una serie de llanuras sin fin entre puestos de control que se ocultaban por debajo del horizonte, separados por kilómetros y kilómetros.

Bajo nuestros pies estaban el mismo tipo de rocas viejas que habían molestado ya los pies de muchos corredores, pero en lugar de ir por caminos de matorral o de arena, ahora corríamos por los guijarros comprimidos que formaban la parte negra del desierto de Gobi.

Yo me pasé el día entero corriendo con viento en contra, atento a las rocas e intentando no llegar a frustrarme por el sonido constante al comer y beber que oía por encima de mi hombro.

Era Tommy.

Casi desde el comienzo del día, él se había situado detrás de mí. No a unos cuantos metros por detrás o a mi lado; justamente a mis espaldas, con sus pies en perfecta sincronía con los míos. Con su cuerpo arropado donde la resistencia al viento era más débil, iba a mi estela, como si fuera un ciclista por carretera o un ave migratoria. Solo que con Tommy, era obvio que él no tenía intención alguna de darme a mí un respiro y situarse en cabeza durante un rato.

Mientras corría detrás de mí, dejándome que yo dirigiera la ruta y soportara el cruel viento en contra, él se alimentaba.

Frutos secos. Geles. Agua.

Pasó el día entero comiendo y bebiendo, y sin decirme absolutamente nada. Incluso cuando Zeng nos adelantó a los dos, Tommy no se movió. Era mi sombra, y no había nada que yo pudiera hacer al respecto.

Yo sabía por qué. Él no solo me hacía saber que estaba detrás de mí; me hacía saber también que en algún momento él iba a batir su marca y dejarme en el polvo. Yo en realidad lo admiraba por ello; el dramatismo de ayer había terminado, y hoy se trataba de ganar.

Durante la mayor parte del día yo soporté bastante bien y me negué a permitir que la presencia de Tommy me desanimara. De hecho, me dio el incentivo extra que necesitaba para ignorar el viento en contra, aguantar el aburrimiento y seguir mecánicamente un ritmo regular y sólido.

Al menos, así me sentí hasta que llegamos al primer puesto de control. Yo sabía que estaba a poco más de seis kilómetros de la meta, pero ahora que el sol estaba en lo más alto del cielo y la temperatura parecía alcanzar los treinta y ocho, comencé a sentirme un poco mareado.

Cuando finalmente estaba a la sombra del puesto de control, tomé un momento para disfrutar de la falta de calor y recuperarme. Tommy, por otro lado, ni siquiera se detuvo. Asintió con la cabeza e intercambió un par de palabras con uno de los miembros del equipo y siguió adelante. No creo que ni siquiera cambiara su zancada.

Yo decidí tomarme mi tiempo, rellenando mis botellas de agua hasta que tuviera el litro y medio completo. Cuando finalmente salí, Tommy iba 180 metros por delante de mí. Se veía fuerte y con un control perfecto; no había modo alguno de que yo pudiera alcanzarlo.

Julian y Zeng me alcanzaron poco después, y no se quedaron detrás de mí; salieron juntos, persiguiendo a Tommy, mientras yo tenía la sensación de que había perdido las fuerzas.

No podía seguir. A pesar de lo mucho que lo intentara, a pesar de lo mucho que me decía a mí mismo que no disminuyera el ritmo, podía sentir que mis piernas se convertían en cemento.

No era como el día anterior, cuando el aburrimiento y la fatiga habían sido consideraciones equitativas; era puramente físico. Había pasado tres horas corriendo a pleno sol y con un viento abrasador en contra. Sencillamente no me quedaban muchas fuerzas.

Había experimentado eso mismo antes.

Era el año 2013. Aunque había conseguido bajar de peso, de 108 kilos a 77 kilos, me seguían gustando la buena mesa y el buen vino; por lo tanto, cuando se trató de escoger mi primera maratón para terminarla, escogí una que tuvo lugar en Francia, en el corazón del país del vino. Cada marcador de distancia tenía un puesto de abastecimiento que ofrecía vino o exquisiteces locales; y debido a que todo se trataba de que hubiera un buen ambiente y no del cronómetro, todos los corredores tenían que disfrazarse de animales.

Yo me disfracé de cerdo.

Algunas personas pasaron sin detenerse por algunos de los puestos, pero yo no; y cuando llegué a la mitad del recorrido, ya había engullido vastas cantidades de carne, queso y ostras, y también media decena de vasos de vino. Sentía un poco de dolor en las partes donde mi piel estaba irritada aproximadamente en la marca de las tres cuartas partes de la carrera, y después sentí cierto dolor en la pierna y la parte baja de la espalda al pasar el punto de los treinta y dos kilómetros.

El sol se estaba volviendo feroz, y aunque Lucja estaba por allí bailando como si fuera un boxeador profesional al final de un nocaut en el primer asalto, yo disminuí el ritmo. Sentía náuseas; me resultaba difícil concentrarme o ver con claridad, y el dolor agudo y penetrante en la espalda me tenía seriamente preocupado.

Lucja me hizo llegar a la meta ese día, aunque apenas puedo recordar el último kilómetro. Ella me ayudó a regresar al hotel, me hizo beber mucha agua, y me dijo que todo iría bien mientras yo tiritaba debajo de las mantas tumbado en la cama.

Solamente nos quedaban unos pocos meses para nuestro primer ultramaratón de 217 kilómetros por etapas, un acontecimiento que nos vería cruzar partes del inhóspito e implacable desierto del Kalahari en Sudáfrica. El entrenamiento de Lucja había ido bien, y los dos sabíamos que ella estaría bien. Pero ¿yo? ¿A quién estaba intentando engañar?

—No puedo hacerlo, Lucja. Yo no soy como tú.

—Tan solo duérmete, Dion. Nos preocuparemos de eso mañana.

Tommy me sacaba demasiada ventaja como para poder verlo, y casi ya no podía ver tampoco a Julian y Zeng. Estaba acabado. Ya no podía más. Mis piernas las sentía como desconocidas, y mi mente se dirigía hacia pensamientos que no podía controlar.

Quizá realmente esa iba a ser mi última carrera, después de todo.

Quizá yo ya estaba eliminado.

Quizá participar había sido un gran error.

Oí los tambores antes de ver la línea de meta. Un cuarto corredor me había adelantado en el último kilómetro y medio, pero a mí ya no me importaba; lo único que quería era que terminara el día, que terminara todo. Podía imaginar a Lucja diciéndome que lo consultara con la almohada, que me sentiría mejor después de haber descansado y haber comido, pero otra voz en mi interior me decía que hiciera las maletas.

Cuando hice la última curva y vi la línea de meta, Gobi estaba allí. Estaba sentada en la sombra, sobre una roca, oteando el horizonte.

Durante un instante se mantuvo inmóvil, y yo me preguntaba si me reconocería.

Entonces se convirtió en una masa borrosa de color marrón en movimiento. Saltando desde la roca, iba arrancando la tierra hacia mí, con el rabo levantado y su pequeña lengua aleteando.

Por primera vez en ese día, yo sonreía.

Había sido el día más caluroso, y el sol era peligrosamente intenso. El campamento estaba cerca de una vieja explotación ovina, y yo intenté descansar en uno de los graneros, pero las paredes de metal se habían convertido en un horno. Me conformé con la carpa, donde el aire estaba viciado y la temperatura por encima de los 43 ºC. Con Gobi acurrucada a mi lado, comencé a dormitar. Parte de mí realmente esperaba con ilusión poder descansar y recuperarme, pero esos ratos en la carpa eran los momentos en que más extrañaba a Lucja.

Incluso antes de llegar a China, sabía que la carrera iba a ser dura sin tenerla a ella a mi lado. Los compromisos de trabajo evitaron que ella pudiera ir conmigo, pero esa era tan solo la segunda carrera en la que no habíamos participado juntos; y aunque no habíamos corrido hombro con hombro desde aquella primera maratón en Francia, donde yo iba disfrazado de cerdo y ella de abejorro, me apoyaba en ella de muchas maneras, especialmente al final de cada día. Ella era quien salía de la carpa y era sociable con los otros corredores, y siempre que yo me frustraba o estaba molesto por algo, ella siempre ayudaba a quitarme ese aguijón. En más de una carrera, ella me convenció para que no abandonara. La necesitaba, en especial cuando surgían problemas inesperados como había sucedido con Tommy.

Pero ese día me había enseñado una cosa más. Extrañaba a Gobi. Ella era una gran distracción del aburrimiento de una hora tras otra de ir corriendo por un paisaje monótono y sin cambios. El modo en que ella corría, decidido, regular, comprometido, también me inspiraba. Era una luchadora que se negaba a abandonar; no permitía que el hambre, la sed o la fatiga le hicieran aminorar. Ella seguía adelante.

Fue un momento agridulce, porque yo sabía lo que llegaría al día siguiente.

El quinto día era la etapa larga. Casi ochenta kilómetros con temperaturas aún más elevadas. Yo ya había hecho preparativos para que los organizadores volvieran a ocuparse de Gobi, y sabía que la cuidarían bien.

Los días largos han sido siempre mi especialidad, y aún más cuando el calor es más fuerte aún. Pero después de solo dos días corriendo con Gobi a mi lado, algo había cambiado; estaba comenzando a gustarme correr con ella, observando sus pequeñas patas avanzar en el día. Sabía que volvería a extrañarla.

Aquella noche tampoco dormí mucho. El aire era demasiado caliente y estático como para sentirme cómodo, y después de cuatro días corriendo sin haberme bañado ni cambiado de ropa, tenía la piel cubierta de una gruesa capa de sudor seco y arena. Gobi tampoco podía descansar. Se levantó varias veces, salió trotando de la carpa y ladraba a las ovejas. A mí no me importó, y nadie de los que estaban en la carpa se quejó. Supongo que todos estábamos demasiado ocupados intentando preparar nuestra mente para lo que teníamos por delante.

8

AUNQUE ME HAYA CRIADO EN AUSTRALIA, AÚN TENGO que entrenarme para el calor. Vivir en Edimburgo conlleva pasar meses sin que la temperatura supere los 15 ºC, y si no me hubiera ocupado de eso, no podría haber aguantado en el desierto.

La solución fue convertir el dormitorio libre en casa en una mini cámara de calor. Compramos dos radiadores industriales, del tipo que uno esperaría ver secando una casa inundada, y también otros dos pequeños portátiles. Compré una persiana gruesa para la ventana y descubrí que si estaba allí dentro yo solo, el termómetro alcanzaba el tope de 38 ºC. Si podía persuadir a Lucja para que me acompañara, subiría un poco más.

Las sesiones son brutales. Me pongo mallas de correr térmicas, un gorro y guantes, y pongo la máxima inclinación en la cinta andadora. La humedad es intensa, e incluso cuando no llevo encima una mochila cargada con seis o siete kilos de azúcar o arroz, sigo batallando para llegar a la segunda y la tercera hora.

Había realizado más sesiones así en mi entrenamiento para la carrera por el desierto de Gobi de las que había hecho para ninguna otra carrera. Y cuando quería cambiar un poco las cosas y correr bajo un calor seco y abrasador, pagaba cien dólares por una sesión de una hora en la cámara de calor de la universidad local. Lucja decía que nunca me había visto más decidido y enfocado, y yo sabía que no tenía ninguna otra opción. Ya había corrido en dos ocasiones el Maratón des Sables, donde el calor llegaba incluso a los 54 ºC de vez en cuando, pero en aquel entonces nunca había sentido mucha presión para rendir bien. En el Gobi sabía que sería distinto. Los corredores que estuvieran en el podio serían los que soportaron el calor.

El quinto día comenzó una hora antes, a las siete en punto, y mientras estaba de pie en la línea de salida repasé por enésima vez mi plan de carrera. Pasar rápidamente por la parte de carretera al principio, encarar la parte del desierto estable pero fuerte, y después, dependiendo del calor, pisar el acelerador y rápido hasta el final. Seguía manteniendo la tercera posición en la general, pero tan solo veinte minutos separaban al número uno del número cuatro. Necesitaba un buen día; sencillamente no podía permitirme cometer errores.

Desde el principio del día corrí como quería. Yo iba el primero, liderando el pelotón algunas veces y después echándome atrás para dejar que otro llevara la carga durante un rato. Iba muy concentrado en mi zancada y pasé por alto los marcadores en cierto punto. Dirigí al pelotón por el camino equivocado durante un minuto hasta que alguien nos gritó para que regresáramos. Regresamos, aún en formación, hasta donde el corredor nos esperaba para que volviéramos a liderar. No había ninguna necesidad de que nadie intentara obtener una ventaja injusta, pues el trazado y el calor ya eran un reto suficiente en sí mismos.

El terreno no ayudaba nada. Los diez primeros kilómetros discurrían por espesos penachos de hierba marrón interrumpida ocasionalmente por breves secciones de asfalto desigual. Después de eso, pasamos a la arena del «Gobi negro». Aún era temprano, pero ya teníamos la sensación de que la temperatura estaba en más de 37 ºC. Era obvio que el calor iba a ser cruel, y yo me permití suavizar un poco el ritmo. Un par de corredores me adelantaron, pero no me importó. Yo tenía un plan al que ceñirme y supuse que en unas horas, cuando el sol comenzara realmente a atacar, yo adelantaría a cualquiera que se hubiera esforzado demasiado en esa parte del medio.

Dejé que mi mente pensara en Gobi, preguntándome qué estaría haciendo mientras yo corría. También me propuse observar el paisaje que nos rodeaba, sabiendo que probablemente no volvería a verlo más, y esperando evitar que mi mente cayera en el aburrimiento. En cuanto llegamos a la arena negra, se disipó toda señal de vida humana. En días anteriores habíamos atravesado aldeas remotas donde curiosos lugareños salían y observaban a la sombra de sus casas de un solo piso. Otras veces la ruta nos había llevado por cauces secos de ríos tan anchos como un campo de fútbol, donde personas se detenían y nos miraban, y cruzando llanuras abiertas donde el terreno tenía el color del fuego. Pero a medida que entramos más profundamente en el desierto de Gobi, no había señal alguna de vida humana. Nadie podía ganarse la vida en un terreno tan brutal.

Cuando entré en el cuarto puesto de control, realicé mi rutina usual de rellenar mis botellas, tomar una pastilla de sal, y preguntar por la temperatura.

—Ahora tenemos 46 ºC —dijo el médico—, pero pronto va a subir hasta 49 ºC. ¿Quieres una de estas?

Me dio una Pepsi caliente. Era la única vez en que los organizadores nos habían dado otra cosa que no fuera agua para beber. Aunque casi podía sentir que me quemaba la garganta, me la bebí de un trago.

—Gracias —dije yo—. ¿Tiene alguna solución rehidratante?

Había estado tomando pastillas de sal durante el día, pero como aún quedaba la mitad de la carrera quería asegurarme de que tenía lo suficiente para soportar. Él tomó una de mis botellas y la llenó de una bebida de sal y azúcar.

—¿Estás seguro de que estás bien? —me dijo, mirándome con más atención mientras me devolvía la botella.

—Estoy bien. Tan solo tomo precauciones.

Antes de irme, comprobé los tiempos de los corredores que iban por delante de mí. Tommy, Zeng y Julian estaban entre ellos, e iban tan solo a un cuarto de hora por delante. Eso me sorprendió, y decidí aumentar un poco el ritmo; después de todo, estaba hidratado y acababa de tomar un extra de 150 calorías de la Pepsi, y hacía calor. Estaba listo para atacar y sabía que si me mantenía fuerte, probablemente los alcanzaría en uno o dos puestos de control.

Alcancé a Julian en el quinto puesto de control. No se veía estupendo, pero tampoco parecía estar acabado. Lo que me interesaba era el hecho de que Tommy y Zeng habían salido solamente minutos antes de que yo llegara. Miré rápidamente en mi bolsa y saqué el arma secreta que había tenido en reserva durante toda la carrera. Mi pequeño iPod.

Lo encendí, me puse los auriculares, y presioné el botón «play» mientras regresaba al calor. Sabía que el aparato tenía unas pocas horas de batería, razón por la cual no lo había encendido nunca durante ninguna de las largas tardes que había pasado en la carpa ni en ningún otro momento en la carrera. Había querido reservarlo para un momento en que necesitara un empujón, y esa era la oportunidad perfecta.

Escuché la lista de reproducción que había creado cuidadosamente a lo largo de los meses anteriores. La lista incluía algunas canciones estupendas, algunos himnos para elevar los ánimos que yo sabía que me harían seguir adelante; pero el verdadero empujón fue Johnny Cash. Cuando ese barítono llenó mis oídos de letras sobre marginados y el tipo de hombres descartados por todo el mundo, sentí que mis ánimos se elevaban. Él cantaba solo para mí, llamándome a esforzarme más, correr más rápido, y demostrar que quienes dudaban estaban equivocados.

Cuando vi a Tommy en el séptimo puesto de control, se veía horrible. Estaba hundido en una silla, y dos o tres voluntarios intentaban desesperadamente refrescarlo, rociándole agua y abanicándolo con sus carpetas. Él me miró, y en ese momento supe que lo tenía en mis manos.

Me giré para darle un poco de intimidad, rellené mis botellas, y tomé otra pastilla salada. Zeng acababa de salir del puesto de control, y delante de él iba un tipo al que todos llamábamos Brett, un corredor neozelandés que estaba teniendo un día excelente, y una corredora estadounidense llamada Jax. Yo sabía que aún podía ganar la etapa, pero también sabía que no necesitaba hacerlo. No me preocupaba que Brett y Jax terminaran por delante de mí porque los tiempos generales de ambos estaban a horas por detrás de mí. Lo único que importaba era adelantar a Zeng, que probablemente iba cinco minutos por delante de mí en la etapa; mientras pudiera hacer eso, mantendría la ventaja de veinte minutos en la general que tenía sobre él antes de comenzar el día, y la medalla de ganador sería mía. Quedaban otros dos puestos de control que pasar, y un total de dieciséis a veinte kilómetros. Si seguía adelante como había hecho hasta entonces, lo lograría.

Mientras me echaba agua por la cabeza, escuché lo que el médico le decía a Tommy.

—Estás muy caliente, Tommy, y preferimos que salgas con Dion en vez de tú solo. ¿Quieres hacer eso?

Yo toqué mis auriculares y fingí que no escuchaba. No quería dejar tirado al tipo, pero yo corría para ganar. Si él no podía seguirme el ritmo, yo no iba a cargarlo.

Mientras comprobaba las tiras de mi bolsa y me preparaba para salir, Tommy se levantó del asiento y se puso a mi lado.

—¿Estás seguro de que estás bien, Tommy?

—Sí —respondió el con voz ronca y débil—. Estoy batallando. Hace demasiado calor.

Salimos. En los pocos minutos que yo había estado a la sombra del puesto de control, alguien había subido la temperatura unos grados más. Era como correr en un horno de aire caliente, y el sol cortaba como si sus rayos fueran agujas en la carne de mis brazos. Me encantaba. Aunque me preguntaba si debería haberme aplicado de nuevo el protector solar que me había puesto en la mañana, nada podía borrar la sonrisa de mi rostro.

No había brisa ni tampoco sombra. Todo estaba caliente: el aire, las rocas, incluso el ribete de plástico y las cremalleras metálicas de mi mochila. Lo único que existía ahí era calor.

Pero yo sabía que quería alcanzar a Zeng. No sabía lo fuerte que él estaba o si estaba batallando, pero sabía que yo me encontraba todo lo bien que podía dadas las condiciones en que estábamos. Esa era mi oportunidad. Tenía que aprovecharla.

Solamente nos habíamos alejado unos cientos de metros del puesto de control, y Tommy ya batallaba para seguir el ritmo; pero él era un corredor fuerte, y no iba a abandonar la carrera en poco tiempo.

Estábamos en una parte recta de gravilla, donde los marcadores rosados estaban situados cada quince metros.

—Vamos, Tommy —le dije, intentando que recuperara su ritmo—. Recorramos los banderines.

Corrimos hasta el primer marcador, y después fuimos caminando hasta el siguiente antes de volver a correr. Durante 800 metros hicimos eso mismo, y pronto la pista se volvió arenosa y se abría a una zona incluso más ancha. Todo lo que nos rodeaba eran cañones de arena, paredes de seis metros de altura de arena y polvo comprimido hasta donde alcanzaba la vista. Se parecía a la superficie de Marte, y si fuera posible, podría haber jurado que allí había incluso menos aire y más calor.

Tommy ya no iba a mi lado. Yo sabía que al final se quedaría atrás. *Hasta aquí hemos llegado*, pensé. *Es hora de avanzar.*

Pasé por cuatro o cinco banderines, sintiendo que mi respiración seguía firme y mi ritmo constante. Era una buena sensación el estar corriendo libre otra vez, era bueno saber que con cada paso me acercaba al tipo que tenía por delante.

Y sin embargo, había algo que me inquietaba. No podía dejar de pensar en Tommy. ¿Estaría bien? ¿Seguía estando conmigo? ¿Iba a lograrlo en solitario?

Aminoré el ritmo.

Me detuve.

Y entonces miré atrás.

Tommy iba tambaleándose como un borracho; sus brazos se agitaban y su equilibrio estaba casi destruido. Parecía como si estuviera en medio de un terremoto, y cada paso adelante era una batalla contra fuerzas invisibles. Yo lo observaba, con el deseo de que se sobrepusiera y comenzara a correr hacia mí.

Vamos, Tommy, no me dejes tirado ahora.

Fue un deseo inútil, y unos segundos después yo iba recorriendo los noventa metros de regreso a donde él se estaba tambaleando.

—Tommy, dime qué está sucediendo.

—Hace demasiado calor.

Mascullaba las palabras, y tuve que agarrarlo para evitar que se desplomara. Era un poco después de la una del mediodía, y los rayos del sol caían directamente sobre nosotros. Yo sabía que el calor sería más fuerte después, y busqué algún lugar de sombra pero no había ninguno, tan solo una serie de piedras arrastradas por el viento a un lado.

Consulté mi reloj. Habíamos recorrido poco más de un kilómetro de esa parte y nos quedaban otros cinco hasta llegar al siguiente puesto de control. Pensé en decirle que regresara, pero él no estaba en condiciones de ir por sí solo a ningún lugar. Yo era quien tenía que decidir.

Me preguntaba: *¿Regreso, o sigo adelante?*

Tommy buscó torpemente sus botellas. Una estaba completamente vacía, y se terminó la otra en un par de tragos. Supuse que habíamos salido del puesto de control unos veinte o treinta minutos atrás, y que cuando lo hicimos, Tommy debió de haber salido con las botellas llenas. Eso significaba que se había bebido dos litros en nada de tiempo.

—Necesito orinar —dijo él bajándose los pantalones. Su orina era como melaza.

Se dejó caer en la arena, bajo el horrible calor del sol.

—Necesito sentarme —continuó diciendo—. Necesito sentarme. ¿Puedes esperar?

—No puedes sentarte aquí, Tommy. Tienes que sentarte bajo alguna sombra.

Miré atrás para comprobar si había pasado por alto algo, pero no había nada que pudiera protegerlo del sol. Esperaba poder ver a otros corredores también, pero no había nadie.

Eché una mirada hacia delante. Me pareció ver un sendero de sombra en el costado de una formación rocosa que estaba a poco más de un kilómetro. Parecía que podría ser lo bastante grande para ofrecer a Tommy cierta protección del sol, y me pareció que era nuestra mejor esperanza.

Nos llevó otros veinte minutos llegar hasta allí, pues tenía que ir arrastrando a Tommy con un brazo por la arena mientras cargaba su mochila y le daba de mi agua todo lo que él quisiera. Intenté que siguiera hablando, pero no se me ocurría mucho más que decir a excepción de: «Sigue adelante, compañero, casi hemos llegado». Él apenas si pronunció palabra alguna.

Yo sabía lo grave que era la condición de Tommy. Estaba mareado, desorientado, y empapado en sudor; era un caso claro de agotamiento por calor, y yo sabía que si no lo refrescaba pronto, podría convertirse en una insolación. Desde ese punto en adelante él correría el riesgo de caer en coma en un breve periodo de treinta minutos, y después de eso necesitaría un equipo médico especial para mantenerlo con vida.

Finalmente me las arreglé para arrastrarlo hasta la piedra arenisca y situarlo bajo el pequeño rectángulo de sombra que se formaba. Le bajé la cremallera, esperando liberar todo el calor que pudiera; me quedé asombrado por lo pálida que era su piel. Se veía ya medio muerto.

Tommy se había desplomado hacia un costado y orinó un poco más; esta vez su orina era aún más oscura.

¿Qué voy a hacer? Podía sentir el impulso a sentir pánico pero luché todo lo que pude para mantener a raya mis emociones. Suponía que probablemente estaríamos en la mitad de la etapa. Subí corriendo una pequeña colina para ver si había alguna señal de vida, pero por allí no había nada ni nadie.

—Escucha, Tommy —le dije mientras me agachaba a su lado—, necesitas ayuda. Voy a seguir hasta el próximo puesto de control y hacer que vengan a buscarte, ¿de acuerdo?

—Ya no quiero correr más —dijo él.

—Lo sé, compañero. No tienes que hacerlo. Tan solo quédate aquí y espera a que vengan. No te muevas.

Le di lo que me quedaba de agua, me aseguré de que sus pies estuvieran también a la sombra, y salí corriendo.

Mi cabeza estaba llena de números. Calculé que había perdido cuarenta y cinco minutos. Había regalado mi último litro de agua, y me quedaban poco menos de cinco kilómetros por correr antes de poder conseguir más. La temperatura era de 49 °C y probablemente subiría aún más durante la hora siguiente. Si no hubiera mirado atrás cuando lo hice, Tommy podría haber pasado ya treinta minutos con insolación; si no hubiera mirado atrás, él ya podría estar en coma.

Mientras corría, echaba un vistazo adelante en busca de los marcadores pero también miraba a la distancia con la esperanza de ver un vehículo o a alguna otra persona que pudiera ayudar. Seguía sin ver nada.

Después de los números llegaron las preguntas. ¿Por qué había mirado atrás en primer lugar? ¿Había sentido algo? ¿Estaba guiándome algo o alguien a ayudar a Tommy? ¿Y había tomado la decisión correcta al seguir corriendo? ¿Habría conseguido ayuda Tommy más rápidamente si yo hubiera hecho el camino de regreso?

Para ahorrar tiempo, intenté recortar el recorrido. Durante un rato perdí de vista los marcadores y comencé a sentir pánico. Estaba en una hondonada, sintiéndome atrapado; mi corazón latía acelerado y temí, por primera vez, que podría haber cometido un terrible error.

Atravesé una cresta y vi que estaba de nuevo en el camino. En la distancia, a un kilómetro y medio, podía ver el puesto de control. Resplandecía como si fuera un espejismo, e independientemente de lo rápido que intentar correr, no parecía estar más cerca.

A 700 metros, se aproximó un vehículo de carrera. Le hice señas y le hablé de Tommy y dónde encontrarlo.

—Tienen que llegar allí rápidamente —les dije—. Tiene problemas de verdad; y yo mismo no tengo nada de agua. Ustedes no tienen agua, ¿verdad?

La poca agua que tenían fue suficiente para hacerme llegar hasta el puesto de control, y en cuanto llegué allí me senté y repasé de nuevo la historia de Tommy. Tomé tanta agua como pude y dejé a un lado mis síntomas corriendo, pero al haber corrido con muy poca agua en mi cuerpo y demasiada presión para dar la alarma, ya me había forzado a mí mismo demasiado; me sentía mareado y débil. Al menos era consciente de mis síntomas, y eso significaba que pensaba con claridad. Aún no tenía agotamiento por calor.

Pregunté por Zeng, y me sorprendió oír que iba tan solo veinte minutos por delante. ¿Veinte minutos? Eso significaba que el resultado general estaba en equilibrio. Zeng había contrarrestado la ventaja que tenía sobre él al comienzo del día, pero aún me quedaba una oportunidad.

Me resultaba difícil no pensar en la muerte mientras corría. Me preguntaba si estábamos cerca del lugar donde había muerto el otro corredor por causa de una insolación en el año 2010; y también pensaba en Tommy. Me sentía triste al pensar que en ese momento él podría estar en coma, y esperaba que no fuera así, esperaba poder haber hecho lo suficiente. De repente me pareció una tontería haberme enojado tanto porque él obtuvo cinco minutos de ventaja sobre nosotros en la parte de las piedras.

Medio kilómetro después de salir del puesto de control, comencé a sentir algo extraño en el pecho. Era como si no estuviera bombeando correctamente, como si tuviera una banda elástica envolviéndome con fuerza los pulmones. Cuando tomaba un trago de agua, tenía la sensación de que estaba hirviendo. Fui ralentizando el paso gradualmente; me sentía enfermo. Poco después iba arrastrando los pies, tambaleándome como si estuviera medio dormido.

Estaba aterrado ante uno de los síntomas físicos: palpitaciones del corazón. Las había tenido dos o tres veces anteriormente. Parecía que me iba a explotar el pecho, sudaba mucho, y me sentía enfermo y a punto de desmayar. Los médicos lo habían achacado a que yo bebía demasiado café, y desde entonces había reducido mi ingesta de cafeína en el preámbulo de una carrera. Pero el recuerdo de eso me seguía inquietando, y allí bajo el calor del desierto de Gobi, podía sentir que se producían todos esos síntomas; y si mi corazón latía como loco otra vez, sabía que esta vez no podía culpar al café. Si comenzaba a tener palpitaciones allí, solamente podía significar que estaba sucediendo algo realmente grave.

Divisé un vehículo de carrera estacionado por delante de mí. Sabía que estaba allí para ofrecer ayuda de emergencia, y seguro que yo parecía un candidato viable mientras seguía tambaleándome. Cuando estaba lo bastante cerca como para poder oír el motor, saltaron del vehículo los voluntarios.

—¿Estás bien? ¿Quieres agua?

—Necesito sentarme dentro del auto —dije yo—. No me siento bien.

No sabía si eso estaba en las reglas o no, pero no me importaba. Necesitaba refrescarme inmediatamente.

Abrí la puerta trasera y me lancé, junto con mi mochila, al asiento de atrás. El aire acondicionado estaba al máximo, y fue como meterme en un refrigerador. Fue hermoso. Cerré los ojos y dejé que el aire frío hiciera su trabajo.

Cuando los abrí otra vez, tuve que pestañear y frotarme los ojos para comprobar que había leído bien lo que indicaba en el salpicadero.

—¿De verdad marca 55 °C? —pregunté.

—Sí —dijo el hombre que estaba al volante. El otro voluntario y él no dijeron nada más, pero yo podía verlo que me miraba atentamente por el retrovisor.

—¿Puedo beber el agua? —pregunté, señalando a una botella que tenía un cilindro de hielo en su interior. Estaba convencido de que era la mejor bebida que había probado nunca en toda mi vida.

Saqué un gel del bolsillo delantero. Era difícil poder mover mis manos adecuadamente, y parte de la sustancia pegajosa terminó sobre mi pecho, mi barbilla y los asientos del auto. Pensé que esperaría los diez minutos que por lo general son necesarios para que un gel haga su efecto, y después me iría; pero a medida que pasaba el tiempo, me sentía cada vez peor.

Mi cabeza iba a la deriva, y me estaba resultando casi imposible fijar la vista en una cosa concreta durante más de diez segundos. La banda que me envolvía el pecho parecía más apretada con cada respiración, y podía sentir que a mis pulmones les costaba cada vez más respirar.

Vamos, me decía a mí mismo mucho después de que el gel debiera haber hecho ya efecto. Intentaba reunir la energía para agarrar mi bolsa y moverme, tratando de ordenarme a mí mismo que saliera del auto y siguiera adelante, pero no sucedió nada.

El aire frío no estaba haciendo el efecto que yo esperaba, pero pensar en abrir la puerta y regresar otra vez a ese calor me asustaba. Incluso si podía conseguir que mi cuerpo me obedeciera y me arrastraba fuera del vehículo, ¿podría conseguir llegar hasta el siguiente puesto de control, por no hablar de terminar la etapa?

Fue en ese momento cuando me explotó el pecho. Mi corazón comenzó a acelerarse, y me faltaba el aire, estaba desesperado por inhalar cualquier cantidad de aire que pudiera.

Levanté la mirada y vi al conductor que me miraba a mí por el espejo. En sus ojos vi temor; temor y pánico.

Se produjo una segunda explosión en mi interior, solo que esta vez no fue mi corazón el que comenzó a acelerarse, sino que fue mi mente. Por primera vez en mi vida, estaba genuinamente asustado por mi salud. Por primera vez en mi vida, me preguntaba si estaba a punto de morir.

9

¡VAMOS! ¡AHORA, DION, AHORA!

Era inútil. Pese a lo fuerte que cerrara los ojos o que apretara los dientes, no podía lograr moverme del asiento trasero del auto. Lo único que podía hacer era respirar el aire frío y esperar que algo cambiara.

Pasaron los minutos. Lo intenté con otro gel; intenté estirarme para aliviar la presión en mi pecho; intenté recordar mi plan de carrera. Nada funcionó.

Me preguntaba qué le habría sucedido a Tommy. Esperaba que el vehículo hubiera llegado hasta él a tiempo y que hubieran podido prestarle la ayuda que necesitaba. Lo mejor que se me ocurría era que su carrera hubiera terminado.

Llevaba algunos minutos mirando fuera del vehículo cuando me di cuenta de que no había visto a ningún otro corredor durante mucho, mucho tiempo. Pensé en la brecha que tendría que compensar.

—¿Cómo se veía Zeng cuando pasó por aquí?

—No muy bien. Estaba batallando mucho, y tan solo caminaba.

Eso era lo único que yo necesitaba oír. Ya había desperdiciado quince minutos en el vehículo, de modo que ahora necesitaba compensar treinta y cinco. Si él aún lo estaba pasando mal, existía la posibilidad de que yo pudiera lograrlo; y si lo hacía, estaría en primera posición en la general.

Me forcé a salir del auto. Con la emoción de regresar a la carrera me había olvidado del calor, y me tomó un rato recuperar el aliento y afianzar mis pasos; pero finalmente estaba corriendo otra vez. No con rapidez, pero sí con firmeza.

Ese ritmo no duró mucho tiempo. Me quedaba la energía suficiente para correr tan solo unos cientos de metros, pero después de eso iba caminando otra vez. Al menos mi corazón había dejado de latir de manera desbocada, y podía pensar con más claridad. Me las arreglé para seguir adelante durante los kilómetros restantes, avanzando a tropiezos y sin mirar otra cosa que no fueran los marcadores rosados que había delante de mí y sin pensar en otra cosa, sino en poner un pie delante del otro.

Finalmente me vi ante una serie de riscos altos y formados por el viento. Subí una duna de arena ubicada en el medio y vi por delante la línea de meta.

Al igual que el día anterior, Gobi me estaba esperando a la sombra. Salió corriendo para acompañarme durante los últimos sesenta metros, pero en cuanto cruzamos la línea corrió, resollando, otra vez a la sombra, donde se desplomó.

—¿Alguna noticia de Tommy? —pregunté a uno de los organizadores.

Él sonrió y arqueó las cejas.

—Es asombroso —dijo—; consiguieron refrescarlo, y al final comenzó a caminar otra vez. Filippo está con él, y van bien.

Yo conocía a Filippo Rossi, un corredor suizo que estaba teniendo un buen día. Sentí agrado y alivio en igual medida al oír que Tommy y él estaban juntos.

Los otros dos que terminaron (Brett y Zeng) habían llegado claramente hacía un buen rato, y cuando vi que la diferencia entre Zeng y yo era de cuarenta minutos, supe que él lo había logrado. Nos quedaba una etapa, pero era de solo un puñado de kilómetros. Yo nunca podría rebajar ese tiempo en una distancia tan corta.

Cuando Tommy finalmente cruzó la línea de meta con Filippo a su lado, todo el campamento se alborotó; todos sabían ya lo que había sucedido, y la notable recuperación de Tommy y su resistencia recibieron todos los elogios que él merecía. Nadie parecía saber nada de que yo fui el primero en ayudarle, pero no me importaba tanto. Lo que más significó fue el abrazo que me dio Tommy cuando me vio; estaba llorando, y a mí se me saltaban las lágrimas. No había ninguna necesidad de pronunciar palabras.

Yo esperaba en mi carpa como había hecho cada tarde, dormitando y despertándome con Gobi acurrucada a mi lado. Esperaba que ninguno de los otros corredores que aún seguían en la carrera hubieran estado tan cerca como había estado Tommy de tener graves problemas, y me preguntaba cómo estarían Richard, Mike, Allen, y los muchachos de Macau. Pese al comienzo menos que perfecto, habían llegado a caerme muy bien los muchachos de Macau. Ellos se interesaban mutuamente los unos en los otros y habían pasado cada tarde dándose masajes mutuamente. Eran buenos tipos y, en cierto sentido, iba a extrañarlos.

Me di cuenta de que yo podría haber ganado la carrera, pero solamente si no me hubiera detenido a ayudar a Tommy. No valía la pena haber pagado ese precio, terminar un puesto más alto en el podio incluso si hubiera sido mi primera victoria en una ultramaratón y un empuje enorme para mi futuro como corredor. Detenerme a ayudar a Tommy me había cobrado un costo, pero estaba contento por cómo habían resultado las cosas. Suponiendo que todo fuera bien en la etapa final de diez kilómetros el último día, mi posición en segundo lugar en el podio estaba asegurada. Yo no estaba preparado para celebraciones, pero sí bastante feliz; ya me había demostrado a mí mismo que le quedaba vida a mi carrera deportiva.

Ya había oscurecido cuando regresaron Richard, Mike y Allen. Habían estado al sol todo el día, y estaban sufriendo por ello; parecían muertos vivientes, caminando a tropezones por la zona de la carpa y con sus caras a partes iguales rojas por las quemaduras del sol y pálidas por el agotamiento. Pero la etapa había terminado, y cuando el último también había llegado, los ánimos en la carpa eran distintos. Todos se relajaron más de lo usual, aliviados por estar tan cerca del final de la carrera.

Yo me desperté por el ruido de la carpa que se desplomaba. No había señal alguna de los muchachos de Macau, y Mike estaba gritando para que nos levantáramos. Yo agarré a Gobi y salí gateando. Había soplado un viento salido de la nada y llevando con él arena; picaba, pero Gobi y yo nos juntamos a los demás y nos tumbamos sobre la carpa para evitar que saliera volando mientras Richard salía en busca de ayuda.

La noche estaba llena de los sonidos de radios crepitando, carpas que se desmontaban, y voces chinas que gritaban de acá para allá. Con la luz de decenas de linternas, podía ver a los voluntarios corriendo por el campamento, intentando desesperadamente volver a levantar las carpas.

El viento aumentó y se convirtió en una tormenta de arena intensa. Era imposible ver nada que estuviera más lejos de sesenta o noventa metros de distancia, y escuchamos que los últimos corredores que aún estaban en la pista habían sido retenidos en puestos de control y los llevaban de regreso al campamento.

Después de una hora de espera para que alguien llegara y ayudara con la carpa, llamé a Gobi para que me siguiera y fuimos en busca de la encargada general para la carrera, una mujer llamada Nurali. Yo la recordaba por la charla sobre seguridad del primer día, y la había estado observando gritar órdenes y frustrarse cada vez más con su equipo a medida que los vientos habían soplado con furia.

—¿Puede hacer que sus muchachos levanten nuestra carpa, por favor? —le dije.

—Sí, pero antes tenemos muchas otras carpas que levantar.

—Ya lo sé —respondí—, pero lo pedimos hace una hora, y aún no ha sucedido nada.

—No es problema mío —gritó ella.

Yo sabía que ella estaba bajo mucha presión, y podía comprenderla al estar batallando contra los elementos, pero esas palabras me parecieron un poco despectivas.

—No —dije yo—, usted organiza esta carrera, y todos hemos pagado tres mil setecientos dólares para estar aquí. Sí es problema de usted.

Ella musitó algo que no pude entender, se dio media vuelta y se alejó.

El viento cobró más fuerza, y surgió un sentimiento de pánico entre las personas que corrían por la zona. Era el tipo de viento que tenemos en las tierras altas de Escocia, de modo que quizá esa fue la razón por la que yo no estaba tan preocupado. Tampoco me molestaba mucho la arena; lo único que tenía que hacer era copiar lo que hacía Gobi y acurrucarme fuerte con la cabeza alejada del viento, y así descubrí que estaba bien.

Después de la medianoche oímos que la tormenta de arena estaba a punto de empeorar. Nadie podía dormir, y después de ochenta kilómetros de agotadora carrera, todos necesitábamos recuperarnos, así que los organizadores decidieron que abandonáramos el campamento esa noche. Nos incorporamos al grupo de los otros corredores que estaban apiñados contra una de las grandes formaciones rocosas, y esperamos a que llegaran los autobuses. El nivel de temor en el ambiente parecía aumentar mientras estábamos allí, y poco después teníamos polvo y arena en nuestras bocas, oídos y ojos. Pero yo sabía que era tan solo otro grupo de sentimientos incómodos que había que sobrellevar. Las experiencias de todos habían sido mucho peores en las veinticuatro horas anteriores, pero lo desconocido siempre intimida más que lo familiar.

Al amanecer, el autobús nos llevó a un edificio bajo a la entrada de un parque nacional que estaba a veinte minutos de distancia. Era un extraño museo que exhibía fósiles de millones de años de antigüedad y maquetas que mostraban una colección amplia y aleatoria de hábitats naturales. Desde luego, Gobi se sentía en casa, especialmente en la zona de bosque tropical que estaba llena de árboles y plantas de mentira. No pude evitar reírme cuando ella se alivió bajo uno de esos árboles.

Minutos después habíamos arrasado todo el lugar, convirtiéndolo en un campo de refugiados para 101 corredores sudorosos y apestosos, y una perrita que no estaba muy bien enseñada. Al personal del museo no le importaba, pues la tienda que estaba al otro extremo del museo estaba vendiendo bebidas y refrigerios a una velocidad récord.

Ese día ya estaba programado que fuera un día de descanso, dada la naturaleza extenuante de la larga etapa anterior, y pasamos el tiempo durmiendo, comiendo aperitivos, bebiendo refrescos, y hablando entre nosotros.

Yo no me retiré a mi saco de dormir ni me fui a otro lugar; en cambio, me quedé y hablé con Richard, Mike y Allen.

—¿Qué vas a hacer con esa pequeñita? —preguntó Mike en la tarde, señalando a Gobi.

Era una buena pregunta, que yo mismo me había estado haciendo durante la larga etapa. Sabía que los dos días que había corrido con Gobi habían sido difíciles, y que en cierto modo me había encariñado con ella. No quería dejarla allí para que se las valiera por sí misma.

También había más cosas. Ella me había elegido a mí. No sabía por qué, pero sí sabía que eso era cierto. Ella tenía a otros cien corredores entre los que elegir, y decenas de voluntarios y equipo, pero desde la primera vez que la vi y que comenzó a mordisquear mis fundas amarillas, casi nunca había decidido apartarse de mi lado.

Ella también era una pequeña muy decidida y fuerte; había corrido más de 124 kilómetros en tres etapas de la carrera sin comer nada durante el día, y estoy seguro de que si hubiera tenido la oportunidad, habría recorrido mucha más distancia. Obviamente, le había asustado el agua pero había seguido adelante y había confiado en que yo la ayudara; había dado todo lo que tenía para seguirme el ritmo. ¿Cómo podía yo dejarla atrás cuando terminara la carrera?

Por cada motivo que podía encontrar para querer ayudar a Gobi, había también fuertes argumentos para alejarme. No tenía ni idea de qué tipo de enfermedades podría tener ella, si pertenecía a alguien, o ni si quiera cómo podía yo hacer algo para ayudar. Después de todo, estábamos en China. Estaba bastante seguro de que no habría muchas personas haciendo fila si yo pedía voluntarios que me ayudaran a encontrar un hogar para una perrita callejera de origen desconocido. Si las historias eran ciertas, ¿cabía la posibilidad de que alguien la matara y se la comiera?

Por lo tanto, no hice nada en cuanto a encontrarle un hogar permanente en China. No pregunté a ninguno de los muchos miembros del equipo de carrera que habían tomado simpatía por Gobi, y ni siquiera saqué el tema con mis compañeros de carpa.

No pregunté porque no era una opción que yo quería considerar.

Tenía un plan mejor.

—¿Sabes qué, Mike? He tomado una decisión. Voy a encontrar un modo de llevarla conmigo a mi casa.

Era la primera vez que pronunciaba en voz alta esas palabras, pero en cuanto las dije, supe que eso era lo correcto. Ni siquiera sabía si sería posible, pero sabía que tenía que intentarlo.

—Eso es genial —dijo Mike—. Yo ayudaré con algunas libras para ayudar, si quieres.

—¿De verdad?

—Yo también —dijo Richard.

Yo estaba sorprendido y también conmovido. Por lo que yo sabía, lo único que había hecho Gobi por mis compañeros de carpa fue gruñir cuando ellos regresaban a la carpa en la noche, mantenerlos despiertos al perseguir ovejas, y rogarles sobras de comida siempre que los pillaba comiendo. Pero yo estaba equivocado. Del mismo modo en que Gobi me había inspirado a mí, también los había inspirado un poco a ellos.

—Cualquier perro así de duro y fuerte —dijo Richard— se merece un final feliz.

Cuando llegó el momento de alinearnos en la salida para el último día, la tormenta de arena ya había pasado. Como en todos los ultramaratones, el último día es casi siempre una carrera corta entre diez y dieciseis kilómetros; y como cualquier otro ultramaratón en el que he participado antes, la idea de estar a una o dos horas de distancia de la línea de meta sacó lo mejor de los corredores. Aunque iban cojeando como si fueran muertos vivientes durante el día de descanso en el museo, partieron al comienzo del último día como si fuera una carrera de velocidad por el parque una mañana de sábado.

Yo tenía a Gobi a mi lado, y ella parecía saber que estaba sucediendo algo especial. No mordisqueaba mis fundas mientras corríamos; en cambio, me siguió el ritmo perfectamente, levantando la vista a veces para mirarme con sus grandes ojos oscuros.

El tiempo era fresco y caía una ligera llovizna mientras corríamos, y yo estaba contento de que Gobi no sudara en exceso. No había puestos de control porque la última etapa era muy corta, de modo que me detenía cada par de kilómetros para darle de beber agua de mi mano. Ella nunca se negó, y me sorprendió lo mucho que había aprendido a confiar en mí en tan pocos días.

Mientras estábamos en el museo yo había pasado algún tiempo mirando las posiciones en la carrera. Como sospechaba, no tenía ninguna opción de alcanzar a Zeng, y la casi escapada de Tommy le había pasado una factura muy alta. Le había adelantado Brett, el neozelandés que había atacado para lograr la victoria en la etapa larga. Yo aún llevaba una ventaja de veinte minutos a Tommy, y mientras pudiera mantenerme por delante de Brett, tendría asegurada la segunda posición.

Había hecho precisamente eso durante todo el camino, pero cuando me detuve a mitad de la etapa en la cresta de una colina arenosa para dar de beber a Gobi, vi que Brett se aproximaba a mí desde atrás. Se detuvo a mi lado. Debí de mirarlo con expresión de perplejidad, porque él sonrió y se encogió de hombros.

—No podría adelantarte mientras le das de beber, ¿o sí?

Yo le devolví la sonrisa.

—Gracias —le dije.

Volví a meter la botella en el bolsillo lateral de mi bolsa, hice una señal de asentimiento a Brett, y seguí corriendo como si nada hubiera sucedido.

Seguimos así durante el resto de la etapa. Yo terminé en quinto lugar, Brett en sexto, con Gobi entre los dos. Enseguida se entregaron las medallas y se tomaron las fotografías, y poco después siguió una fiesta de celebración con cerveza y la tradicional barbacoa, kebabs, y panes tan grandes como pizzas rellenos de hierbas y carne y todo tipo de cosas deliciosas. Yo saboreé bocados de deliciosa carne de carnero y dejé que Gobi lamiera la grasa de mis dedos. Hubo muchas risas y abrazos, y el tipo de sonrisas que obtienes cuando sabes que estás rodeado de personas buenas, disfrutando un momento que recordarás durante muchos años.

Yo había comenzado la carrera como lo hacía siempre, encerrado en mí mismo y enfocándome en correr y en nada más; y la terminé como he terminado todas las otras carreras: rodeado de amigos.

Pero la carrera por el desierto de Gobi fue diferente. Los bajos habían sido más bajos, y los altos habían sido más altos. La experiencia había cambiado mi vida; por lo tanto, era correcto que a cambio yo hiciera todo lo que pudiera por ayudar a cambiar la vida de Gobi.

PARTE 3

10

YO OBSERVABA A GOBI DESDE LA VENTANILLA DEL autobús. Ella estaba ocupada comiéndose todos los restos de kebab que habían quedado de la barbacoa; Nurali estaba organizando al resto de los voluntarios que acababan de meter a los últimos de los corredores en el otro autobús. Gobi se detuvo, y levantó la vista. ¿Era solamente una sensación mía, o ella había descubierto que algo iba mal? El motor del autobús cobró vida. Gobi, un poco asustada, comenzó a correr de un lado a otro; era igual que lo que hizo cuando regresé a buscarla en el río. Ella estaba buscando algo. A alguien. A mí. Tenía el rabo hacia abajo, y sus orejas agachadas. Sentí un impulso casi irresistible de levantar mi dolorido cuerpo del asiento, bajarme del autobús, e ir y volver a cargarla en mis brazos.

Esto es ridículo, pensé para mí. Me sentía como un papá que observa a su hijo atravesar las puertas en su primer día de escuela.

El autobús comenzó a alejarse mientras yo observaba que Nurali llamaba a Gobi a su lado, le daba un pedazo de carne, y acariciaba el mechón peludo que tenía como si fuera el nido de un pájaro encima de su cabeza.

Me recliné en el asiento e intenté pensar en otra cosa. En cualquier cosa.

El viaje en autobús de regreso a Hami no podría haber sido más diferente al viaje que habíamos hecho desde allí una semana antes. Entonces yo me había sentado en mi asiento y había intercambiado tan solo unas pocas palabras con mi compañero; me había sentido cada vez más frustrado con el ruido que hacían los muchachos de Macau en el asiento de atrás, y más de una vez me había girado con la esperanza de que ellos entendieran la indicación y se callaran.

En el viaje a Hami yo habría pagado un buen dinero por sentarme cerca de los muchachos de Macau y oírlos reír y charlar; habría agradecido la distracción. Tristemente, los tres iban en otro autobús, y en el silencio que cayó sobre mis compañeros pasajeros mientras se rendían a la somnolencia posterior a la carrera, posterior a la barbacoa y posterior a la cerveza, yo me quedé a solas con mis pensamientos.

¿Por qué era tan difícil? No tenía ni idea de que me sentiría de ese modo; y no era un adiós, pues iba a volver a ver a Gobi en un par de horas.

Ese plan era tan sencillo como podría serlo cualquier plan. Nurali, la mujer que durante la tormenta había sido un poco desdeñosa, iba a llevar a Gobi de regreso a Hami, donde tendríamos la cena de entrega de premios, y yo podría despedirme adecuadamente de la perrita. Después de eso, Nurali se llevaría con ella a Gobi de regreso a Urumqi mientras yo volaba hasta Edimburgo. Entonces yo organizaría todas las cosas para que Gobi pudiera volar también para comenzar su nueva vida con Lucja, conmigo, y con Lara la gata en el Reino Unido.

¿Cuánto tiempo tomaría eso? Yo no lo sabía.

¿Cuánto costaría? No tenía idea.

¿Cuidaría de ella Nurali? Sin ninguna duda. Eso era algo de lo que yo estaba seguro. Nurali podría haber estado un poco molesta conmigo cuando el campamento estaba volando por los aires, pero yo había visto el modo en que ella daba órdenes a la gente y lograba que las cosas se hicieran. Ella sabía arreglar las cosas, y yo estaba seguro de que, sin ella, toda la carrera que hizo Gobi nunca habría sucedido. Ella era exactamente el tipo de persona que yo iba a necesitar para lograr las cosas; además, la había visto darle a Gobi suficientes obsequios de comida durante la semana para saber que Nurali tenía cierta debilidad por la perrita. Gobi estaría bien con ella. Yo estaba seguro de eso, al igual que estaba seguro de que me llevaría a casa a Gobi incluso si eso me costaba mil libras y me tomaba uno o dos meses.

Si se reúne a un grupo de corredores que no se han bañado, lavado, ni cambiado de ropa durante una semana mientras han cruzado el desierto sudando, olerán mal. Mételos a todos en un autobús caliente durante dos horas, y el aire en el interior se volverá tan viciado y putrefacto como sea posible imaginar.

Por lo tanto, en cuanto llegamos otra vez a Hami, yo estaba desesperado por darme un baño. Me lavé y descansé un poco, suponiendo que durante la cena en la tarde me reuniría con Nurali y Gobi.

Cuando llegué al restaurante, en cierto modo ya extrañaba a Gobi, aunque solo habían pasado unas pocas horas; además, solo la había visto al aire libre o en una carpa. ¿Cómo se las arreglaría al estar en una ciudad, con carreteras y tráfico, restaurantes y hoteles?

Comprendí que había muchas cosas que no sabía de ella. ¿Dónde había vivido antes de unirse a la carrera? ¿Había estado antes en el interior de una casa? ¿Cómo reaccionaría a estar encerrada de vez en cuando? ¿Qué edad tenía? Quizá lo más importante de todo: ¿le gustaban los gatos?

Habían sucedido muchas cosas la semana de la carrera, pero meses o quizá incluso años de la vida de Gobi antes de la carrera seguirían siendo un misterio para mí. La había observado juguetear cuando ella creía que no la estaba mirando, y estaba bastante seguro de que tenía menos de uno o dos años de edad; en cuanto a lo que le había sucedido antes, yo no tenía ni idea. Si la habían maltratado, no tenía ninguna cicatriz, y sin duda no tenía ninguna lesión que hubiera evitado que pudiera correr bien durante más de 124 kilómetros en total. Entonces, ¿por qué había huido? ¿Quizá se había perdido? ¿Había un dueño en alguna parte cerca de la duna de arena en la frontera del desierto de Gobi que ahora estuviera preocupado porque su pequeña perrita se había perdido?

Todos con los que había hablado pensaban que eso era improbable. Gobi no era el único perro que yo había visto en la carrera, e incluso las pocas horas que pasé en Urumqi y Hami me mostraron que debía de haber miles de perros vagabundeando por las calles en ambos lugares. Había perros callejeros por todas partes, y todos los chinos con quienes había hablado me dijeron que Gobi debía de ser una perrita callejera.

En el restaurante busqué a Nurali y Gobi, pero no había señal de ninguna de ellas. Tampoco estaban ninguno de los voluntarios, solamente los organizadores de la carrera. Encontré a una de ellas y pregunté por Nurali.

—Creía que iba a venir aquí y traer con ella a Gobi —dije.

Ella parecía confusa.

—No, Nurali no iba a venir aquí. Le queda mucho que hacer en la línea de meta.

—¿Vendrá aquí antes de que nos vayamos mañana?

—No creo que tenga porqué venir.

Yo me alejé, desmoralizado.

Me molestaba que no pudiera llegar a ver a Gobi para despedirme adecuadamente; y me molestaba que el plan que habíamos diseñado no se estuviera siguiendo. ¿Se había perdido algo en la traducción? ¿Ya había salido mal alguna cosa? ¿Seguía bien Gobi?

Lo que más me molestaba era el hecho de que podía sentir que comenzaba a estresarme por ello. Parte de mí quería hacer lo que normalmente hacía después de una carrera y desconectar de todo durante unas semanas: de hacer dieta, de correr, de tener que forzarme a estar enfocado tan precisamente en la meta que tenía por delante. Quería relajarme y que no me importara nada.

Pero eso no era ni siquiera una opción. Sí me importaba. Sentirme el protector de Gobi no era un interruptor que simplemente podía apagar.

Estuve distraído durante gran parte de la noche de premios, pero escuché con atención cuando Brett se levantó para recibir su medalla como tercero en llegar y dio un discurso breve pero potente. «Lo que me gustaría decir es que me quito el sombrero ante cada uno de los que han sacrificado su carrera para ayudar a otras personas. Eso demuestra que en este mundo hay estupendos seres humanos».

Yo mismo no podría haberlo expresado mejor. Yo había podido hacer algo para ayudar a Tommy, pero estaba lejos de ser el único. Filippo también se había detenido, y había habido muchos otros ejemplos de personas que se pusieron a sí mismas en segundo lugar y decidieron poner por delante a otra persona. Desde las maneras en que los muchachos de Macau se protegieron los unos a los otros hasta las maneras en que personas que habían sido unos perfectos desconocidos al comienzo de la semana se daban aliento constante unos a otros. Una de las cosas que más me gusta de estos eventos es que a la vez que nos forzamos hasta los límites más extremos del aguante físico, forjamos las amistades más profundas de la vida.

Desde luego, yo no sabía nada de eso cuando me registré para mi primer ultramaratón. De hecho, ni siquiera estaba seguro de poder llegar a la línea de salida, y mucho menos completarlo.

Nuestro viaje por el ultramaratón comenzó en torno a la Navidad del año 2012. El cumpleaños de Lucja es el 23 de diciembre, y en los meses anteriores ella había hablado de querer avanzar desde los maratones y emprender algo más duro; por lo tanto, le regalé un hermoso libro titulado *The World's Toughest Endurance Challenges* [Los retos de resistencia más duros del mundo]. Yo lo había hojeado antes de envolverlo, asombrado por eventos como el Maratón des Sables, el Yukon

Arctic Ultra, y el Yak Attack en Nepal, promocionado como la carrera ciclista más alta (y yo supuse que también la más peligrosa) del mundo.

Eso fue antes de que yo participara en la medio maratón donde corrí dándolo todo para ganar una cena gratis a mi amigo, de modo que estaba completamente convencido de que cada uno de los eventos que había en el libro estaba por encima de mis posibilidades. Aun así, pensé que podría ser en cierto modo divertido soñar con poder participar en uno de ellos un día, o dentro una década o más. Y en medio del ambiente festivo, con una botella de champán abierta a nuestro lado, me sentía bastante contento con la vida mientras veía a Lucja abrir el libro, de modo que dije estas fatídicas palabras: «Abre cualquier página, y ese será el evento que haremos juntos».

Me recliné en el asiento, di un sorbo, y observé que los ojos de Lucja se abrían como platos cuando vio la cubierta.

—¡Vaya! —dijo mirando el libro por delante y por detrás—, esto es asombroso.

Cerró los ojos, abrió el libro por una página al azar, y se quedó mirando fijamente.

Silencio. Yo la observaba mirar con atención la página, absorbiendo cada detalle.

—Bueno, Dion, parece que vamos a hacer el maratón extremo de Ka-la-har-ri.

—¿Qué diablos es eso? —pregunté.

Ella no levantó la mirada, sino que prosiguió, mirando fijamente cada página, pronunciando los brutales hechos:

—Noroeste de Sudáfrica, cerca de la frontera con Namibia... un recorrido de 250 kilómetros... seis etapas en seis días... la temperatura ronda los 50 ºC... transportas tu propia comida... solo obtienes agua en ciertos momentos... y es en el desierto.

Yo pensé muy bien mi respuesta. Después de todo era su cumpleaños, y quería que el regalo fuera algo bonito.

—No hay posibilidad.

—¿Qué? —dijo ella mirándome—. A mí me parece que suena bastante bien.

—Escucha, Lucja, no hay modo alguno en que podríamos hacer eso. ¿Y si nos sucede algo? ¿Y a qué te refieres con que tienes que transportar tu propia comida? ¿Es que ellos no te dan nada de comer? ¿Cómo es eso incluso posible?

Ella volvió a mirar el libro, pasó un par de páginas, y después me lo entregó y sacó su iPad. Yo miré fijamente las páginas, y un sentimiento de terror comenzó a aumentar en mi interior.

—Hay un montón de blogs de la carrera del verano pasado aquí en el sitio web —dijo Lucja—. Y hay una página de Facebook... y un formulario de contacto.

Yo la detuve.

—Lucja, dice que cuesta dos mil libras por cada uno; y eso sin los vuelos.

—¿Y qué?

—Pues que podríamos pasar unas bonitas vacaciones al sol en alguna parte. ¿Por qué íbamos a querer hacer algo estúpido como correr por un desierto?

Lucja me miró con severidad. Era la misma mirada que me había echado cuando yo estaba tumbado en el sofá en Nueva Zelanda y ella me desafió a la carrera. Yo sabía que aquel era uno de esos momentos trascendentales en nuestras vidas.

—Dijiste que lo haríamos, Dion. Así que vamos a hacerlo.

Yo di un paso atrás, pensando que decir no solamente haría que ella estuviera más decidida aún. Dejé de hablar de ello y supuse que cuando pasara la Navidad, a ella se le habría olvidado por completo.

Estaba equivocado. Después de Navidad, Lucja estaba más decidida que nunca, y con la carrera tan solo a diez meses de distancia, ella sentía que tenía que moverse con rapidez. Contactó con el representante de la carrera, descargó la hoja de solicitud, y me dijo que estaba preparada para hacerlo.

Era mi última oportunidad de detenerla, y expuse ante ella la mejor razón que se me ocurrió.

—¿Cómo vas a arreglártelas sin bañarte? ¿Y qué de tu cabello? ¿Y tus uñas?

—No me importa nada de eso. No me molesta. Una de las etapas pasa por el río Orange, y puedo lavarme el cabello ese día.

Probé con una línea de ataque diferente.

—Johannesburgo tiene una de las tasas de homicidios más elevadas que cualquier capital del mundo. ¿De verdad quieres volar hasta allí y regresar de una ciudad como esa?

—Dion, lo voy a hacer. ¿Vas a venir conmigo?

Lo pensé durante un rato.

—Tenemos que librarnos de todo lo que hemos engordado en Navidad.

Ella solo me miró fijamente.

Era Nueva Zelanda otra vez. Yo sabía que no iba a ser capaz de detenerla, y en realidad no quería hacerlo. Siempre me había encantado la valentía de Lucja y su entusiasmo, y sabía que mi vida había mejorado mucho desde que la conocí. Quería asegurarme de que ella iba a estar bien allí, también, incluso si eso significaba hacer algo tan ridículo como atravesar corriendo el desierto del Kalahari.

—Muy bien —dije—. Lo haré.

No había hablado con Lucja desde la noche que me quedé en Urumqi. Algunos corredores habían pagado cincuenta dólares para poder mandar correos electrónicos y blogs durante la carrera, pero yo no lo hice. No quería tener distracciones, y sabía que Lucja podría entrar en el sitio web de los organizadores de la carrera para estar actualizada diariamente sobre mis tiempos y mi posición en la carrera. De modo que fue en Hami, después de la cena de premios, cuando finalmente pude telefonearla después de haber estado una semana separados.

En realidad estaba un poco nervioso. Tenía que encontrar un modo de decirle que quería llevarme a una perrita callejera china a vivir con nosotros. No habíamos tenido perro desde Curtly el San Bernardo. Los dos nos habíamos tomado mal su muerte, y teníamos un acuerdo no expresado de que ninguno de los dos quería realmente volver a pasar por ese tipo de sufrimiento.

Cuando me preparaba para marcar, repasé una vez más mi discurso: «¿No es estupendo que haya terminado segundo? Y también sucedió algo realmente extraño. Una pequeña perrita me siguió, y estoy comenzando a preguntarme si quizá podría llevarla a casa para que viva con nosotros».

Si Lucja estaba de mi lado, yo sabía que eso sucedería. Si no lo estaba, llevar a casa a Gobi sería mucho más difícil de lo que yo creía.

Sonó el teléfono, y respiré profundamente.

Incluso antes de poder decir algo más que hola, Lucja comenzó a hablar.

—¿Cómo está Gobi?

Me quedé asombrado.

—¿Sabes algo sobre Gobi?

—¡Sí! Muchos de los otros corredores la han mencionado en sus blogs, y ella incluso ha aparecido en algunas actualizaciones oficiales de la carrera. Es una perrita muy hermosa, ¿no es cierto?

—Sí que lo es. Quería hablar contigo de algo...

—¿Las vas a traer a casa? En cuanto oí de ella, supe que querrías traerla.

Al haber estado lejos de ciudades y de la civilización durante una semana, la conexión desde la estación de trenes en Urumqi hasta el aeropuerto me dejó con la cabeza dándome vueltas. Había olvidado cuán llena de gente estaba la ciudad y cuán imposible era hacerme entender. Incluso algo tan sencillo como hacer el *check in* para las tres escalas de mi vuelo de regreso a casa me tomó tres veces más tiempo del que debería. Dondequiera que iba había multitudes de personas, y cada oficial se me quedaba mirando fijamente con una leve sospecha velada.

Recordé por qué había jurado no regresar nunca a China.

Encontrar a Gobi, ¿había cambiado mi manera de sentirme? Quizá. La carrera había sido mi mejor resultado hasta entonces, y había traído a mi vida a Gobi; pero aún me resultaba difícil imaginarme regresando a ese país. Al no conocer nada del idioma, era demasiado difícil lograr lo que me proponía.

Me estaba acercando a la puerta para mi vuelo a Beijing cuando vi a todos los organizadores de la carrera esperando para abordar.

Sabía que la jefa había tenido cierto interés en Gobi, y quería asegurarme de que ella no se olvidó cuando regresó de la carrera. Le di las gracias por hacer que Nurali cuidara de Gobi mientras yo regresaba a casa para hacer todos los arreglos necesarios.

Ella me dio su tarjeta de visita.

—Ha sido fantástico ver tomar forma la historia de usted y de Gobi. Si podemos ayudar a que suceda, lo haremos.

Cuando me subí al avión fue cuando pensé por qué no le había preguntado a la jefa la razón de que Nurali no hubiera estado en la cena de premios en Hami. Pensé que no quería dar la impresión de forzar las cosas o de que iba a ser difícil tratar conmigo; pero cuando el avión comenzó a moverse y yo me quedé dormido, me preguntaba si quizá había algo más que eso. Yo confiaba en que Nurali se ocuparía bien de Gobi, pero ¿realmente la conocía bien? ¿Por qué no había ido ella a Hami? ¿Era tan solo un error de comunicación, o era una señal de que las cosas podrían no ser tan sencillas, después de todo?

No seas paranoico, me dije a mí mismo. *Duérmete. Estas cosas siempre se ven con más claridad en la mañana.*

11

LUCJA FUE A BUSCARME AL AEROPUERTO DE
Edimburgo con malas noticias. Mientras yo estaba de viaje, ella había
consultado cuál era el proceso para llevar un perro al Reino Unido.

—No va a ser fácil —me dijo—. Quizá pensaste que la parte más
difícil de todas sería *sacar* a Gobi de China, pero por lo que he visto, lo
más difícil es que *entre* a Gran Bretaña. Hay más trámites burocráticos
de los que puedas imaginar.

Entre medias de extrañar a Gobi y la ilusión de ver otra vez a Lucja,
yo había ejercitado un poco mi imaginación. Había imaginado que
retendrían a Gobi en cuarentena, que tendríamos que pagar facturas
astronómicas al veterinario, y que todo el proceso tomaría meses y
meses.

Resultó que estaba bastante cerca de lo cierto.

Ella tendría que pasar cuatro meses en cuarentena, y eso no iba a
ser barato; pero la noticia realmente mala esa dónde tendría que pasar
ese tiempo.

—Heathrow —dijo Lucja—. Esa es la única opción.

Según estándares chinos o estadounidenses, los 640 kilómetros que
separan nuestra casa en Edimburgo del principal aeropuerto de Londres
no es mucha distancia; pero en el Reino Unido, ese es un viaje épico

que cuesta cientos de dólares en gasolina o en vuelos, sumándole incluso más por hoteles y taxis. La vida en Londres no es barata, ni siquiera para los perros.

Cuanto más lo investigábamos, más descubríamos que Lucja estaba en lo correcto con respecto a los costos y las complejidades de lograr que un perro entre en el Reino Unido, pero habíamos subestimado cuán difícil sería poder sacar a Gobi. En una batalla por cuál país podía envolver el problema con la mayor cantidad de trámites burocráticos, parecía que China iba a ganar.

Cada empresa de transporte de mascotas a la que escribimos por correo electrónico nos dio la misma respuesta: no. Algunas de ellas no daban explicaciones, pero según las que sí lo hicieron, comenzamos a entender la profundidad del problema.

Para que Gobi saliera de China tendría que verla un veterinario en la ciudad desde la que fuera a volar. Eso significaba que teníamos que hacerla llegar a Beijing o a Shanghai.

Bastante sencillo, quizá, pero para meterla en un avión en Urumqi, tendrían que hacerle una serie de análisis de sangre, un veterinario tendría que redactar una carta de autorización oficial, y también tendría que tener aprobación oficial de alguien, en algún lugar, en el gobierno chino. Ah, y había una cosa más: para que pudiera volar desde Urumqi hasta Beijing o Shanghai, Gobi tendría que ir acompañada por la persona que fuera a sacarla del país.

—¿Hay alguna posibilidad de que Nurali hiciera todo eso? —preguntó Lucja.

—No pude conseguir que ella levantara mi carpa en la tormenta de arena. No hay modo alguno en que ella hiciera todo eso.

—¿Podríamos hacer que alguien la llevara hasta Beijing por carretera?

Unos cuantos minutos en Google, y la respuesta estuvo clara. Un viaje de treinta y cinco horas, 2.900 kilómetros cruzando montañas, desiertos y quién sabe qué más, no era un buen Plan B.

Tras una semana de no recibir otra cosa que correos electrónicos de rechazo, surgió un rayo de luz. Una mujer llamada Kiki respondió a Lucja por correo electrónico, diciendo que su empresa, World Care Pet, podría ayudar pero solamente si podíamos persuadir a Nurali para que llevara adelante parte del trabajo médico esencial. Yo esperaba lo mejor, y pregunté.

Para sorpresa mía y también agradecimiento, Nurali escribió enseguida. Sí, ella podía hacer que el veterinario examinara a Gobi, y sí, podía asegurarse de que hicieran a Gobi todos los análisis que la empresa de Kiki requería. Incluso también podría comprar una jaula para perros de modo que Gobi pudiera viajar en la bodega del avión.

Ese era el mejor resultado posible.

Pero el traslado de Gobi no sería barato. Kiki calculaba que le costaría un mínimo de 6.500 dólares hacer que Gobi llegar al Reino Unido, y calculamos que terminaríamos gastando otros 2.000 dólares en la cuarentena y mucho más en viajes a Londres para visitar a Gobi.

Llevar a Gobi a nuestra casa costaría mucho dinero, y necesitábamos pensar mucho sobre si podíamos hacerlo. Parte de mí quería que lo pagáramos todo nosotros, no por orgullo ni nada parecido, sino simplemente porque traer a Gobi era algo que yo, y ahora Lucja, queríamos hacer por el bienestar de Gobi y también por el nuestro. No íbamos a traer a Gobi como un acto de caridad o como una muestra de gran bondad; sería porque, por extraño que parezca, ella era ya parte de la familia. Y cuando se trata de la familia, uno no tiene en cuenta el costo.

Aunque todo eso era cierto, yo también quería ser realista. Si algo iba mal en cualquier punto del proceso, ambos sabíamos que el costo total bien podría superar los 10.000 dólares. Cuando le dije a la gente al final de la carrera que quería llevarme a casa a Gobi, Allen, Richard y bastantes otros corredores dijeron que querían ayudar y que harían una donación. En los días después de regresar a casa, recibí bastantes correos electrónicos de competidores en la carrera, preguntando cómo podían dar dinero para patrocinar a Gobi. Yo sabía que la valentía y determinación de Gobi habían tocado a muchas personas, de modo que no fue sorprendente que ellos quisieran aportar unos dólares para ayudar a asegurar que ella tuviera una vida buena y segura por delante.

Por lo tanto, Lucja y yo nos sentamos ante la computadora y creamos una página de *crowdfunding* (para reunir fondos). Cuando se trató de fijar una meta, los dos hicimos una pausa.

—¿Cuánto crees? —dijo ella.

—¿Qué te parece esto? —dije yo, y tecleé «6.200 dólares» en el formulario—. No obtendremos todo, pero probablemente sea el cálculo más realista de cuánto va a costar traerla aquí.

—Y si solo conseguimos unos cientos de dólares, eso ayudará.

Durante las veinticuatro horas siguientes, mi teléfono «pió» varias veces para indicarme que habían entrado un puñado de donaciones. Yo estaba agradecido por cada uno de los donativos de mis compañeros de carrera, sabiendo que incluso unos pocos dólares aquí y allá hacían que la tarea que teníamos por delante fuera un poco más fácil. Sin embargo, más que el dinero me gustaba leer los comentarios que escribía la gente. Ayudar a Gobi les hacía felices. Era algo que yo no había esperado.

Tampoco esperaba la llamada de teléfono que recibió Lucja el segundo día después de activar la página de *crowdfunding*. El hombre se presentó como periodista y dijo que había visto la página y que quería hablar conmigo. Explicó que había encontrado el número de Lucja en su sitio web que la promociona como entrenadora de carreras. Era un sentimiento extraño saber que un desconocido podía rastrearnos de ese modo, pero cuando explicó por qué llamaba, yo me quedé intrigado.

Quería entrevistarme y escribir un artículo en exclusiva sobre Gobi para su periódico, un tabloide nacional británico titulado el *Daily Mirror*.

Los periodistas de tales publicaciones no siempre tiene la mejor reputación. Unos años antes, el *Daily Mirror*, junto con varios otros periódicos, habían sido atrapados en un escándalo de pinchazos telefónicos, y la confianza aún estaba en bajos niveles. Pero ese hombre parecía bastante sincero, así que decidí aceptar y ver lo que sucedería. Como mínimo, podría ser divertido ponerlo en Facebook y conseguir que algunas personas más hicieran donaciones.

Antes de que terminara la llamada, el periodista me recordó que era una exclusiva y que sentía preocupación porque yo pudiera hablar con otros periodistas y darles la historia antes de que él tuviera la oportunidad de publicarla.

—Amigo— le dije, y después me reí—, usted puede hacer lo que quiera con la historia; nadie más se va a interesar por ella.

Hicimos la entrevista por teléfono al día siguiente. Él quería saber todo sobre la carrera y cómo conocí a Gobi, hasta dónde había corrido conmigo, y cómo esperaba traerla a casa. Yo respondí todas las preguntas, y aunque al principio estaba un poco nervioso, me sentí bien con el desarrollo de la entrevista.

No sabía si estar ansioso o emocionado cuando fui a comprar un ejemplar del periódico al día siguiente. Hojeé las páginas, preguntándome qué me encontraría.

Lo que no esperaba era una página completa con fotos estupendas de la carrera y una redacción realmente buena. Pero lo siguiente es lo que vi, debajo del titular en negritas: «No abandonaré a mi compañera de ultramaratón». El periodista entendió bien todos los hechos, e incluso consiguió una cita textual del fundador de la carrera, quien dijo: «Gobi realmente se convirtió en la mascota de la carrera; ella personificó el mismo espíritu luchador de los competidores». Me gustó eso.

Yo había salido en un periódico antes, cuando terminé en sexta posición en mi primer ultramaratón, y me habían mencionado unas cuantas veces en blogs de carreras y en algunas revistas sobre carreras, pero esto estaba a otro nivel muy distinto. Era extraño pero en el buen sentido, y rápidamente puse mensajes en el sitio web del *crowdfunding*, en Facebook y en todos los otros lugares que se me ocurrieron. Pensé que sería una forma bastante buena de animar a cualquiera que ya hubiera hecho un donativo.

Mientras iba de camino esa mañana a comprar el periódico, había revisado la página del *crowdfunding*, y estaba en 1.000 dólares, con seis o siete personas que habían donado. Una hora después de dejar el periódico y comenzar a hacerme el tercer café de la mañana, sucedió algo asombroso.

Mi teléfono comenzó a sonar sin parar.

Comenzó con una sola notificación. Alguien de quien no había oído nunca acababa de donar veinticinco dólares. Pasaron unos minutos y entonces llegó otro mensaje, diciéndome que otra persona de la que nunca había oído había donado la misma cantidad. Después de unos minutos más, hubo otra; y después otra. Entonces alguien donó cien dólares.

Yo estaba asombrado e incluso un poco confuso. ¿Era real todo eso?

Pasaron unos sonidos más y unos minutos más, y revisé en la Internet para ver si el artículo del periódico estaba también en el sitio web del *Daily Mirror*. Allí estaba, y en las pocas horas que pasaron desde que lo subieron, había sido compartido y le habían pulsado «like» cientos de personas.

Nunca había imaginado que pudiera suceder nada parecido.

La versión en línea del artículo describía la historia como «un vínculo alentador entre un ultramaratoniano y la perrita callejera que él se niega a dejar atrás».[1] Algo sucedió dentro de mí cuando leí esas palabras. Yo había sabido todo el tiempo que mi corazón había sido alentado

---

1. Johnathan Brown, «Heartwarming bond between ultra-marathon man and the stray dog he refuses to leave behind». *Mirror*, 27 julio 2016, actualizado 28 julio 2016, http://www.mirror.co.uk/news/real-life-stories/heartwarming-bond-between-ultra-marathon-8507261.

por Gobi y que me negaba a dejarla atrás, pero no había utilizado esas palabras con el periodista. Fue la descripción que él hizo, y el hecho de que él hubiera visto la importancia de reunirme con Gobi de manera muy parecida a como yo lo veía me dio mucho ánimo.

Quizá por eso las personas están haciendo esas donaciones, pensé. *Quizá ellos ven lo que él también vio.*

Veinticuatro horas después de que saliera el artículo en el periódico, la página de *crowdfunding* mostraba que la meta de los 6.200 dólares se había alcanzado. Pero no se detuvo ahí. La gente seguía donando, todos ellos desconocidos para Lucja y para mí, todos ellos en cierto modo movidos por la historia de esa pequeña perrita que por alguna razón desconocida me escogió a mí y no tiró la toalla.

Junto con actualizaciones constantes de las donaciones, mi teléfono comenzó a mostrar mensajes de otros periodistas. Algunos de ellos me mandaron mensajes mediante el sitio de *crowdfunding*, y otros mediante redes sociales o LinkedIn. Era difícil seguir el rastro de todos, pero yo quería responder a cada uno de ellos.

Los periódicos de Reino Unidos me contactaron primero: otro tabloide, después un par de los periódicos dominantes. Yo sospechaba que el enfoque que adoptarían los periodistas variaría según el periódico, que quizá querrían saber sobre diferentes aspectos de la historia; pero todos ellos estaban contentos con hacer las mismas preguntas: ¿Por qué fue a correr a China? ¿Cómo conoció a Gobi? ¿Qué distancia corrió Gobi? ¿Cuándo decidió traer a casa a Gobi? ¿Volverá a correr con ella?

La primera vez que escuché esa última pregunta, me hizo detenerme. Comprendí que en medio de todo el ajetreo y la planificación, realmente no había pensado en cómo sería la vida cuando Gobi estuviera ya en casa en Edimburgo. ¿Esperaría ella caminatas de cuarenta kilómetros cada día? ¿Cómo se las arreglaría con la vida de ciudad? Y si alguna vez volvía a correr con ella, ¿se quedaría a mi lado como había hecho antes, o querría desviarse para correr hacia este extraño mundo nuevo con todas sus distracciones?

Había mucho que yo no sabía sobre el pasado de Gobi, y había mucho que yo no sabía sobre nuestro futuro juntos. Supongo que eso es lo que hace que sea tan emocionante el comienzo de todas las relaciones, incluso de las que se producen con perros callejeros desaliñados.

Después de haber hecho varias entrevistas con diferentes periódicos, recibí un mensaje de alguien en la BBC. Phil Williams quería entrevistarme para su programa en Radio 5 Live esa misma noche, y aunque comenzaba a sentirme un poco cansado de hablar tanto, de ninguna manera iba a rechazarlo.

La entrevista resultó ser lo mejor que pude haber hecho en ese momento. Los productores combinaron el audio de mi entrevista con tomas de la carrera en video que se las había arreglado para conseguir. El breve video de un minuto se hizo más popular de lo que creo que imaginé nunca. Poco después había sido visto 14 millones de veces, haciendo que fuera el segundo video más visto en el sitio web de la BBC.

Después de eso, las cosas despegaron realmente.

Hice entrevistas para otros programas y estaciones de la BBC; entonces comenzaron a llamar personas de la televisión. Hablé con otros canales en Reino Unido, después con otros en Alemania, Rusia y Australia. Salí por Skype e hice entrevistas con la CNN, ESPN (donde la historia de Gobi estuvo entre las diez reproducciones principales del día), Fox News, el *Washington Post*, *USA Today*, el *Huffington Post*, Reuters, el *New York Times*, y podcasts, incluido el *Eric Zane Show* que, a su vez, dio un empuje a la historia hasta un nivel totalmente nuevo.

Mientras tanto, el total de la página de *crowdfunding* seguía aumentando. Personas de todo el mundo (Australia, India, Venezuela, Brasil, Tailandia, Sudáfrica, Gana, Camboya e incluso Corea del Norte) prometían donar lo que pudieran a la causa. Su generosidad fue aleccionadora y también emocionante. Yo había estado en algunos de esos lugares, y sabía el tipo de vida que llevaban muchas de las personas que vivían en ellos.

En el espacio de unos pocos días todo cambió para Lucja y yo. Habíamos estado un poco inseguros sobre hacer el *crowdfunding* y éramos conscientes del gran reto que iba a ser traer a casa a Gobi. En el espacio de veinticuatro horas, casi todas esas preocupaciones quedaron eliminadas. Tener el apoyo de Kiki y recibir tantas donaciones de personas significaba que sabíamos sin ninguna duda que los mayores obstáculos ya habían sido abordados: contábamos con la experiencia de Kiki para conseguir que la perrita llegara y los fondos para que eso sucediera. Todo parecía estar encajando en su lugar.

Casi todo.

Nurali no respondía a ninguno de nuestros correos electrónicos.

12

—SENCILLAMENTE NO LO VEO, LUCJA. NO VEO CÓMO
va a suceder.

Estábamos tumbados en la cama, esperando a que sonara el despertador y teniendo nuestra primera conversación del día, pero había una espeluznante familiaridad en las palabras. Yo había dicho lo mismo muchas veces en la semana que había pasado desde que se publicó el artículo en el *Daily Mirror*. Aunque la página de *crowdfunding* estaba ya en 20.000 dólares, lo único que recibíamos de Nurali era silencio.

Cada vez que Lucja y yo hablábamos así, yo había intentado con todas mis fuerzas explicar lo que sabía de Nurali y Urumqi. Le había dicho que la ciudad era un lugar de locura y agitación, y que todo el mundo allí iba apresurado de un lado a otro haciendo sus cosas.

—Nurali es alguien que logra las cosas; progresa mucho al estar ocupada, de modo que no puedo imaginar que esté sentada en su casa con los pies sobre la mesa. Probablemente tendrá otros cientos de proyectos en marcha, y no hay modo alguno en que vaya a tomarse tiempo para ayudarnos. Cuidar de una pequeña perrita tiene que estar en un puesto muy bajo de su lista de prioridades.

—Entonces debemos recordarle que esto importa. Necesitamos que ella recuerde cuán importante es esto, ¿no? —dijo Lucja.

Recordé la noche de la tormenta de arena.

—Nurali es una de esas personas que no ayudará si considera que estás siendo una molestia. Si la estresamos, creo que ella irá incluso más lentamente tan solo para fastidiarnos.

Nos quedamos en silencio durante un rato.

—¿Crees que ella habrá visto todo esto en Facebook?

No había manera alguna en que eso hubiera sucedido. Como no era posible recibir Facebook ni Twitter en China, y casi ningún canal occidental de noticias en la televisión, no podía imaginarme cómo podría haber llegado hasta allí nada de la agitación que estábamos experimentando.

—Entonces, ¿qué hacemos?

El cuarto volvió a quedarse en silencio. La conversación siempre quedaba incompleta en este punto. Estábamos atascados y éramos incapaces de seguir. No teníamos la capacidad para lograr nada; no podíamos hacer otra cosa que esperar.

Aunque Nurali estaba en silencio, el resto del mundo no lo estaba. A la vez que Kiki nos mandaba correos electrónicos preguntando si aún queríamos su ayuda, comenzamos a ver un número cada vez mayor de comentarios en la página de Facebook pidiendo que pusiéramos actualizaciones. Las personas, y con toda la razón, se preguntaban qué sucedía; querían saber cómo iba el proceso de los preparativos de Gobi para viajar y cuándo llegaría a casa. Querían fotos, videos y noticias.

Yo no podía culparlos. Si yo hubiera donado dinero a una causa así, me sentiría exactamente igual que ellos. Querría saber cómo se estaba cuidando a la perrita y si los dueños estaban comportándose con diligencia y responsabilidad. Querría evidencia de que todo iba avanzando; querría saber que toda esa situación no era una estafa.

Aunque Lucja y yo estábamos desesperados por darle a la gente la seguridad que ellos querían, no podíamos hacerlo. Lo único que podíamos hacer era escribir mensajes imprecisos sobre cómo iba todo y que estábamos dando los primeros pasos en lo que iba a ser un viaje muy, muy largo. Racionamos nuestras noticias y fotografías del modo en que racionamos nuestra comida en una etapa larga por el desierto.

Pasaron algunos días más, y seguíamos sin recibir respuesta alguna de Nurali. Yo tenía la sensación de que toda esa espera estaba resultando un poco frustrante para Kiki, pero ella entendía claramente la naturaleza única del reto que teníamos por delante. Se ofreció a escribir ella misma a Nurali, y nosotros estuvimos de acuerdo. Esperábamos que el hecho de que Kiki fuera china resolviera cualquier problema de idioma y de cultura.

Quienes nos apoyaban, por otro lado, estaban siendo más expresivos, y nos hacían cada vez más peticiones de información. Comencé a preocuparme de que si no teníamos noticias nuevas pronto, la inmensa oleada de apoyo positivo pudiera alejarse de nosotros. Peor aún, la gente podría volverse en contra de nosotros; así que decidí llamar a una de las organizadoras de la carrera.

—Esto se ha vuelto muy grande ya —le dije—. No soy solo yo el interesado en traer a Gobi a casa; esto es global. Siento que miles y miles de personas están observando y quieren saber qué está sucediendo. Los que han hecho donativos son como accionistas de una empresa, y quieren respuestas.

Ella me escuchó y me dijo que lo entendía.

—Haré que suceda —dijo.

Cuando terminó la llamada, sentí que se me quitaba un peso de encima. Si los organizadores de la carrera iban a implicarse, estaríamos bien. Ellos organizaban toda una serie de carreras que tenían lugar en cuatro continentes distintos; seguramente podrían lograr que una pequeña perrita volviera a reencontrarse con su amo.

Efectivamente, Kiki recibió un correo electrónico de Nurali una semana después. Todo iba bien, aunque Nurali estaba de acuerdo en que había muchas más cosas que hacer de lo que ella creyó en un principio.

Kiki y ella acordaron que Nurali seguiría cuidando de Gobi, pero que Kiki enviaría a alguien a Urumqi para ocuparse de todo lo que había que hacer antes de que Gobi pudiera volar de regreso a Beijing.

Eso fue una buena noticia; pero el proceso estaba tomando mucho más tiempo del que Lucja o yo habíamos esperado. Lo que más importaba era que Gobi estaba segura, Nurali se seguía ocupando de ella, y Kiki pronto tendría a alguien en Urumqi poniendo en acción el plan.

Nurali incluso envió algunas fotos por correo electrónico, y nosotros pudimos poner al día a quienes nos apoyaban de todo el progreso que estábamos haciendo, y así pudimos dar respuesta a la mayoría de preguntas que tenían las personas. Seguían llegando preguntas por parte de la prensa, y hablé por primera vez con periodistas de revistas y también en más estaciones de radio.

Por primera vez desde que regresé a casa desde China, me sentí verdaderamente confiado en que todo iba a salir bien.

La semana siguiente, sin embargo, comencé a ponerme nervioso. Nurali se había quedado en silencio otra vez, y eso era muy frustrante. Habían pasado ya dos semanas desde que lanzamos la página de *crowdfunding*, y no estábamos más cerca de poder proporcionar a Gobi el cuidado médico y los análisis que necesitaba para comenzar el proceso de traerla a casa.

Volví a escribir un correo electrónico a la organizadora de la carrera para ver si ella podía ayudar, pero en lugar de recibir una respuesta de ella, la recibí de su oficina. Decían que ella estaba en los Estados Unidos, y también Nurali. Escribieron que Gobi estaba siendo cuidada y que Nurali estaría de nuevo en China en pocos días y que todo iba bien. Pasaron un mensaje diciendo que la organizadora planeaba hablar de todo ello con Nurali cuando estuvieran juntas.

Lucja y yo no sabíamos qué pensar. Estábamos un poco molestos porque iba a tener que pasar otra semana más hasta que Kiki pudiera enviar a alguien a ver a Nurali y empezar a mover las cosas, pero ya sabíamos que podría haber obstáculos a lo largo del camino. Y quizá

Nurali podría recibir algo de la cobertura que se había hecho de la historia cuando estuviera en los Estados Unidos y así tener una imagen más clara para sí misma de toda la atención que estaba atrayendo Gobi.

Nurali cumplió su palabra. Cuando estuvo de regreso en China unos días después, escribió un correo electrónico a Kiki y prometió que las cosas sucederían rápidamente.

Estupendo, pensé yo cuando Kiki me dio la noticia. *Ya no queda mucho.*

Un día después contacté con Kiki. ¿Alguna noticia de Nurali sobre cuándo puedes enviar a tu persona a Urumqi?

Su respuesta fue rápida.

Dion, no he vuelto a oír nada de Nurali. Kiki.

Esperé un día más.

¿Alguna noticia hoy, Kiki?

De nuevo, Kiki respondió rápidamente.

No.

Volví a escribir a la organizadora de la carrera. ¿Por qué está tomando tanto tiempo? No me diga que ha sucedido algo.

Al día siguiente, Kiki no tenía nada que reportar, y mi bandeja de entrada no recibió tampoco nada de la organizadora de la carrera.

Pasó otro día, y desde el momento en que me desperté supe que algo no iba bien. Sentado en la cama, esperando otra vez a que sonara el despertador, estaba tan agitado como si ya me hubiera tomado mi tercer café. No podía decirle exactamente a Lucja qué pensaba que iba mal

—Pero hay algún problema —le dije—. Tan solo sé que lo hay.

Me levanté y revisé mi teléfono, sabiendo que la tarde ya estaba avanzada en China. Entre el puñado de correos electrónicos de periodistas y el gran número de notificaciones de la página de *crowdfunding*, sobresalía uno:

Para: Dion Leonard
De: **** ******
Fecha: 15 de agosto de 2016
Tema: Gobi
Dion, necesito llamarte.

Cuando la organizadora de la carrera y yo hablamos más avanzada esa mañana, hubo una parte de mí que no se sorprendió por lo que oyó. Ella me dijo que mientras Nurali estaba fuera en los Estados Unidos, su suegro había estado cuidando de Gobi. Ella se había escapado un día o dos pero había regresado para comer; entonces volvió a escaparse y no había regresado. Gobi ya llevaba perdida varios días.

—Tiene que estar bromeando —dije yo. Intentaba mantenerme calmado y no explotar con una ráfaga de improperios. Estaba muy furioso—. ¿Qué están haciendo para encontrarla?

—Nurali tiene a personas que la están buscando. Están haciendo todo lo posible para encontrarla.

¿Haciendo todo lo posible? Yo tenía serias dudas con respecto a eso. ¿Cuán difícil podía ser mantener segura a una pequeña perrita en tu propia casa? También me sentía desconfiado. Tenía una fuerte sensación de que la versión de los acontecimientos que las organizadoras relataban no era del todo correcta. Nurali había estado en silencio por tanto tiempo, que inmediatamente supuse que Gobi se había extraviado mucho antes, quizá incluso antes de que Nurali viajara a los Estados Unidos. Si yo estaba en lo correcto, eso significaba que Gobi ya llevaba diez días o más por las calles.

Pasaron por mi mente todo tipo de escenarios pero ninguno de ellos era bueno, e hice todo lo posible para borrarlos. Ese no era momento para el pánico; tenía que actuar.

—Entonces, ¿qué podemos hacer? —pregunté sin tener idea alguna de lo que tendría que suceder.

—Nurali está haciendo todo lo que puede.

De alguna manera, eso no parecía bastante.

Telefoneé a Lucja al trabajo y le dije que Gobi se había escapado y que yo tenía serias dudas de que Nurali estuviera buscándola realmente, tal como me habían sugerido. Entonces telefoneé a Kiki y le conté de nuevo la historia.

—Deje que hable con Nurali —me dijo ella. Esa fue la primera sugerencia que había oído en toda la mañana y que tenía algún sentido.

Cuando volvió a llamarme, Kiki me dijo que tenía dudas con respecto a la historia. Sencillamente no encajaba.

—Muy bien —dije yo dejando por un momento mis sospechas—, pero ¿qué hacemos ahora?

—Lo que tenemos que hacer es lograr que más personas participen en la búsqueda.

—¿Cómo podemos hacer eso? Nurali es la única persona que conozco en Urumqi.

—Yo conozco a alguien aquí en Beijing que tiene experiencia en encontrar a perros. Dirige un albergue de acogida en Beijing. Quizá él pueda ayudar.

No tuve que esperar mucho a que Kiki llamara por segunda vez. Había hablado con su amigo Chris Barden de Little Adoption Shop de Beijing, y mientras escuchaba los consejos que ella me transmitía, supe que él era el hombre correcto para la tarea.

—Primero, necesitamos un cartel. Tiene que tener fotografías recientes de Gobi, una buena descripción de la perrita, y la ubicación donde se perdió. Debe tener un número de contacto y, lo más importante, una recompensa.

—¿Cuánto? —pregunté.

—Él dice que cinco mil yuanes para empezar.

Hice mis cálculos Setecientos dólares. Yo pagaría alegremente diez veces más si era necesario.

—Tenemos que poner el cartel por todo lugar, en especial en medios digitales. ¿Tienes WeChat?

Yo no había oído de ello, pero Kiki me informó sobre el híbrido entre WhatsApp/Twitter que las autoridades chinas no bloqueaban.

—Alguien necesita crear un grupo en WeChat para comenzar a compartir la noticia; y después necesitamos personas en las calles repartiendo los carteles. Chris dice que se encuentra a la mayoría de perros en tres o cinco kilómetros del lugar donde desaparecieron. Es ahí donde necesitamos concentrar todos nuestros esfuerzos.

La idea de poner en acción ese plan y esperar que funcionara hizo que mi cabeza diera vueltas. Sabía por experiencia que Gobi podía recorrer fácilmente de tres a cinco kilómetros en veinte minutos, de modo que podría estar mucho más lejos del límite de Chris; pero incluso si dejaba a un lado esa idea, no podía imaginar dónde podría estar Gobi porque no sabía en qué parte de la ciudad vivía Nurali. Lo único que sabía con seguridad era que Urumqi estaba tan densamente poblada como cualquier otro lugar donde había estado en Asia. Un radio de tres o cinco kilómetros podía contener a decenas, si no cientos o miles, de personas. Nurali era mi única esperanza de hacer que la noticia recorriera las calles, pero sabía que no podía confiar en que ella lo haría.

Afortunadamente, Kiki dejó la mejor noticia hasta el final.

Me dijo que Chris conocía a alguien que vivía en Urumqi, una mujer llamada Lu Xin. Cuando su propio perro se había perdido, Chris había ayudado con la búsqueda. Él ya le había preguntado a la mujer, y ella dijo que ayudaría aunque nunca antes había dirigido la búsqueda de un perro.

Yo exhalé una gran bocanada de gratitud.

—Eso es asombroso, Kiki. Muchas gracias.

Me quedé totalmente asombrado por la bondad de esas personas a las que ni siquiera había visto nunca, que habían pasado a la acción enseguida. Yo no había orado desde que era niño, pero ciertamente dije algunas palabras de agradecimiento allí mismo.

Y volví a esperar noticias. Era la hora del almuerzo en Escocia, pero el final de la jornada laboral en China. Sabía que no tendría noticias de Kiki hasta la mañana siguiente.

Llevaba en casa casi cuatro semanas desde que regresé de China y había vuelto al trabajo casi de inmediato, intercalando las entrevistas y los correos electrónicos temprano en la mañana, ya avanzada la tarde, y en los fines de semana. Trabajo desde casa algunos días de la semana y en la oficina en el sur de Inglaterra los otros días. El día en que me enteré de que Gobi se había perdido estaba en el apartamento, pero a medida que avanzaba la tarde, deseaba estar en cualquier otro lugar menos allí. Estar solo en casa era difícil; más difícil que cruzar corriendo el negro desierto de Gobi. Lo único que podía pensar era en Gobi.

Cuando terminó la jornada laboral y Lucja regresó a casa, hablamos sobre qué hacer. Los dos sabíamos que teníamos que informar a la gente de que Gobi se había perdido, pero expresarlo de la manera correcta era difícil. Sabíamos muy poco, pero no queríamos que la gente rellenara los espacios en blanco.

Después de varios comienzos en falso, ya muy avanzada esa noche finalmente escribí las palabras que esperaba que alertarían a las personas y ayudarían a Gobi a regresar sana y salva:

> Ayer recibimos una llamada telefónica diciendo que Gobi está extraviada en Urumqi, China, durante varios días, y aún no la han encontrado. Simplemente estamos devastados y asombrados al saber que ahora está por las calles de la ciu-

dad, y nuestros planes de traerla al Reino Unido están en el aire. Han sido literalmente las peores 24 horas, y sé que todos ustedes compartirán mi dolor y mi tristeza. Por favor, entiendan que Gobi estaba bien cuidada en Urumqi, y este ha sido un desafortunado incidente.

Hoy hemos puesto información y una recompensa en la red social china WeChat. La casa de acogida de animales en Urumqi también ha ayudado amablemente a formar un grupo de personas para buscar a Gobi, y también estamos organizando valernos de lugareños para buscar a Gobi por las calles y los parques de la ciudad.

Si alguien puede proporcionar cualquier información sobre el paradero de Gobi, por favor contacte con nosotros lo antes posible. Esperamos y oramos que encuentren pronto a Gobi sana y salva, y les mantendremos informados de cualquier progreso.

Me gustaría decir que agradecemos mucho todos los fondos y el apoyo proporcionados hasta ahora para Gobi. Puedo confirmar que quedan aún 33 días más en la página de *crowdfunding*, y si no encontramos a Gobi durante ese periodo, entonces no retiraremos ningún dinero de las donaciones.

Dion

Minutos después pude oír que mi teléfono me alertaba de las respuestas que llegaron. Al principio fueron lentas, pero después cada vez más rápidas, como un trote lento que se convierte en una carrera a toda velocidad.

Durante un rato no los miré. No quería leer lo que las personas estaban escribiendo. No es que no me importara lo que pensaban, pues sí me importaba, y mucho; pero no tenía más noticias que darles, y no había nada más que yo pudiera hacer.

Mi única opción era quedarme sentado y esperar. Esperar que Gobi siguiera estando bien. Esperar que esa mujer, Lu Xin, de quien no sabía nada antes de despertarme ese día, hiciera milagros y formara un equipo de búsqueda lo bastante grande para inundar la zona de carteles, y que alguien en algún lugar que hubiera visto a Gobi y se interesara lo suficiente como para actuar llamara y reclamara la recompensa.

¿A quién estaba yo engañando? No había esperanza alguna de éxito.

Al igual que la última luz de la tarde del verano se disipó del cielo, mis pensamientos se oscurecieron. Recordé otra cosa que me había dicho Kiki durante nuestra última llamada ese día. Me dijo que Chris conoció a Lu Xin cuando se perdió su propio perro. Él fue la persona que le aconsejó en la búsqueda.

El perro de Lu Xin no se encontró nunca.

PARTE 4

13

NO HAY CASI NINGÚN AUSTRALIANO CON VIDA QUE NO haya oído del ultramaratoniano Cliff Young. Ese hombre es una inspiración para todos nosotros, y no solo para los deportistas de resistencia. La historia de Cliff ofrece esperanza a cualquiera que alguna vez se haya enfrentado a un reto insuperable que nadie cree que podrá vencer.

Viernes, 27 de abril de 1983, Cliff Young se presentó en el centro comercial de Westfield en las afueras al oeste de Sídney, buscando la línea de salida de una carrera notable. La ruta conducía a otro centro comercial de Westfield, a 875 kilómetros de distancia en Melbourne.

La carrera está generalmente considerada la más dura de su tipo, y los participantes reunidos incluían a algunos de los mejores del mundo, hombres en su mejor forma que se habían entrenado durante meses para alcanzar una forma física plena para el evento.

Cliff destacaba entre el grupo de corredores que se habían reunido para la brutal carrera. Tenía sesenta y un años de edad, llevaba overol y botas de trabajo, y se había quitado la dentadura postiza porque no le gustaba el modo en que castañeteaba cuando corría.

Aunque la mayoría de personas suponían que él sería un espectador o un empleado de mantenimiento que se había perdido un poco, Cliff recogió su dorsal para la carrera y se unió a los otros corredores.

—Amigo —dijo uno de los periodistas cuando vio a Cliff en la línea de salida—, ¿cree que puede terminar la carrera?

—Sí que puedo —dijo Cliff—. Mire, me crié en una granja donde no podíamos permitirnos tener caballos o tractores, y cuando yo era pequeño, siempre que llegaban las tormentas tenía que salir y recoger a las ovejas. Teníamos dos mil ovejas en dos mil acres, y a veces tenía que perseguir a esas ovejas durante dos o tres días. Tomaba mucho tiempo, pero yo siempre las atrapaba. Creo que puedo correr esta carrera.

Comenzó la carrera, y Cliff quedó atrás. Ni siquiera corría correctamente; lo hacía de un modo que parecía que arrastraba los pies casi sin levantarlos de la tierra. Al final del primer día, cuando todos los corredores decidieron detenerse y dormir un poco, Cliff iba kilómetros y kilómetros por detrás de ellos.

Los profesionales sabían cómo mantener un ritmo para la carrera, y todos ellos emplearon el mismo plan de correr durante dieciocho horas al día y dormir seis. De ese modo, el más rápido entre ellos esperaba llegar al final en unos siete días.

Cliff trabajaba con un plan diferente. Cuando reanudaron la carrera a la mañana siguiente, los otros corredores se asombraron al enterarse de que Cliff seguía en la carrera. No había dormido y había pasado la noche entera avanzando.

Hizo lo mismo la segunda noche y también la tercera. Con cada mañana llegaban más noticias de que Cliff había seguido durante la noche, disminuyendo la ventaja que los corredores que tenían la mitad de su edad intentaban lograr en el día.

Finalmente, Cliff los alcanzó, y después de cinco días, quince horas y cuatro minutos, cruzó la línea de meta. Había batido el récord casi por dos días completos, batiendo a los otros cinco corredores que terminaron la carrera.

Para sorpresa de Cliff, le entregaron un cheque como ganador de 10.000 dólares. Dijo que no sabía que había un premio, e insistió en que no había participado en la carrera por dinero. Se negó a aceptar una sola moneda para sí mismo, y en cambio dividió el premio en partes iguales entre los otros cinco que terminaron.

Cliff se convirtió en nada menos que una leyenda. Era difícil saber qué tomas de él le gustaban más a la gente: las escenas de él recorriendo autopistas con pantalones de vestir y una camiseta informal, o sus imágenes persiguiendo ovejas por los pastos, con botas de goma puestas y un aire de pura determinación.

Yo era un niño cuando los canales de noticias australianos cubrieron la historia de Cliff. Él era una celebridad, un tipo genuino y único que había hecho algo increíble que hizo que la nación entera lo observara. Hasta que yo mismo fui corredor, fue cuando aprecié lo notable que fue su hazaña; y cuando Gobi se perdió y yo me encontré en un vuelo de regreso a China fue cuando regresé a su historia y obtuve inspiración de ella.

El día después de haber escrito la noticia de que Gobi se había perdido, nos vimos inundados de mensajes de personas de todo el mundo. Algunos eran positivos y llenos de compasión, oraciones y buenos deseos; otros expresaban temores de que Gobi finalmente acabara siendo devorada. Fue la primera vez que realmente pensé en esa posibilidad, pero no me pareció muy probable. Aunque había pasado solamente diez días en China, tenía la sensación de que el rumor de que los chinos comen perros era probablemente incierto. Claro que yo había visto perros callejeros por los lugares, pero había visto lo mismo en Marruecos, India, e incluso en España. En lugar de ser crueles, todas las personas chinas que se habían interesado en Gobi la habían tratado con cuidado y afecto, y nada menos.

Aunque agradecía los buenos deseos de la gente y podía manejar su pánico, había un tercer tipo de mensaje con el que no sabía qué hacer:

¡¿Y cómo diablos pasó eso?! ¿¿En serio??

Sabía que sucedería algo como esto... Vaya un lugar tan horrible para que esa perro se haya perdido. Estoy indignado por cómo se ha manejado esto.

¿¿Cómo es posible que la perrita pudiera escaparse??

Esos «cuidadores» tenían la tarea de mantener a esa pequeña perrita a salvo, ¡y esos MALDITOS guardianes le han fallado! Qué demonios. ¡Cómo pueden perder a un perro que se supone que estaban cuidando hasta que pudiera ser ADOPTADO!

Me sentía mal. De hecho, me sentía terriblemente mal. Muchas personas habían donado mucho dinero, más de 20.000 dólares cuando ella se perdió, y ahora Gobi no estaba. Sabía que a ojos del público yo era totalmente responsable de Gobi; acepté eso y supe que la culpa se quedaba conmigo.

Si yo hubiera manejado las cosas de manera distinta, Gobi no se habría perdido; sin embargo, ¿qué otra cosa podría haber hecho? Cuando terminé la carrera y dejé a Gobi con Nurali, supuse que solamente pasarían unas cuantas semanas antes de poder reunirnos de nuevo en Gran Bretaña para que Gobi pudiera comenzar el proceso de cuarentena. Si hubiera sabido cuán difícil iba a ser hacer que cruzara China y después saliera del país, habría contratado a un conductor y yo mismo habría llevado a Gobi a Beijing. Pero lo único que sabía cuando terminé la carrera era que Nurali, quien me parecía la mejor persona para esa tarea, se alegraba de poder ayudar. En ese momento me pareció suficiente.

Me vi tentado a responder a cada mensaje, pero llegaban incluso más rápidamente que después de publicarse el artículo en el *Daily Mirror*. Cada pocos minutos había un nuevo comentario, y yo sabía que era mejor dar a las personas el espacio que necesitaban para desahogar su enojo. No había caso en meterme en ninguna discusión.

Además, había otro tipo de comentario que comenzó a captar mi atención.

Me pregunto si es una situación de secuestro debido a toda la publicidad que rodea su historia.

Aunque puedo llegar a molestarme con las personas cuando se entrometen, por lo general soy una persona muy confiada. Yo nunca había pensado que el escape de Gobi fuera otra cosa que un accidente, y siempre confié en la versión de los acontecimientos que me habían dado las organizadoras de la carrera y que Nurali le había contado a Kiki. Cuanto más leía esos mensajes, sin embargo, más preguntas comencé a hacerme.

Espero que esto no sea intencional o que alguien esté detrás de esto. Perdona mis sospechas, ¡pero no entiendo cómo pudo suceder! La historia de Gobi ha sido global, y tan solo espero que alguien (no Dion) no esté intentando sacar dinero al llevársela. Lleva días perdida, ¿y no te lo notificaron?

Tenían un buen argumento. Miles de personas en todo el mundo estaban siguiendo la historia, y el total del *crowdfunding* era visible para todos. ¿Era difícil imáginar que alguien intentara ganar dinero fácil llevándose a Gobi y esperando que pagáramos una recompensa por entregarla sana y salva?

Se suponía que yo debía estar trabajando, y hacía todo lo posible por seguir con los reportes que tenía que escribir, pero era difícil hacerlo. Debí de pasarme el día entero distraído por todos esos pensamientos y preguntas. Me sentía como una pluma en medio de una tormenta:

indefenso y a merced de fuerzas mucho, mucho más fuertes que yo. Cuando Lucja regresó a casa del trabajo, yo estaba agotado.

Ella había estado siguiendo los comentarios a lo largo del día, y aunque yo había sido desviado por los comentarios que buscaban a alguien a quien culpar, a ella le llamaron la atención los que intentaban encontrar una solución:

> ¿Puedes volar hasta allí para buscar? ¡Ella te sentirá y te encontrará! Por favor, usa los fondos para mantener segura a la perrita hasta que regrese contigo. Esto es devastador.

> Ella te está buscando. Desgarrador. Estoy orando para que la encuentren sana y salva. No creo que nadie se lo replanteara si utilizaras parte del dinero del *crowdfunding* para ofrecer una recompensa por su regreso. ¿Ha salido esto en los medios para difundirlo?

Yo llevaba seis semanas en casa, y me quedaba aproximadamente la misma cantidad de tiempo antes de ir al Cruce de Atacama en Chile el 1 de octubre. No había sufrido ninguna lesión en China, y había podido volver a entrenar casi en cuanto regresé a casa. Estaba convencido de que iba a estar en la mejor forma posible para salir y ganar Atacama, especialmente ahora que conocía a algunos de los corredores con los que iba a competir, como Tommy y Julian. Y si ganaba Atacama, iría al Maratón des Sables en 2017, listo para ocupar una de las veinte primeras posiciones. En toda la historia de la carrera, ningún australiano había terminado nunca en mejor posición que esa.

Hacer un viaje repentino a China en busca de una perrita perdida no formaba parte de mi plan de entrenamiento. A seis semanas de Atacama, debería haber estado recorriendo 160 kilómetros por semana en la cinta andadora en mi improvisada sauna casera; en cambio, no estaba haciendo nada. Todo mi entrenamiento se había desvanecido cuando la búsqueda de Gobi se apoderó de mi vida.

Dejando a un lado Atacama, yo tenía otras buenas razones para no regresar a China. No había estado en mi mejor forma en el trabajo las semanas anteriores, y pedir más tiempo de vacaciones sin avisar con antelación a mis jefes sería llevar su buena voluntad al extremo máximo. Si yo estuviera en lugar de ellos, sabría exactamente qué decir.

Y si iba, sinceramente ¿qué podría esperar lograr? No sabía hablar el idioma, no sabía leer chino, ni tampoco la versión de árabe que había visto en Urumqi, y tenía incluso menos experiencia en buscar perros perdidos que la mujer que estaba dirigiendo la búsqueda. Si iba, estaría desperdiciando su tiempo y también el mío.

Al final, no me tomó mucho tiempo cambiar de opinión. No era que todas mis dudas fueron respondidas de repente o que tenía un profundo sentimiento de que si iba, encontraría a Gobi. Decidí ir debido a un hecho sencillo y convincente que compartí con Lucja ya tarde la segunda noche después de que me dijeran que Gobi se había perdido:

—Si no voy, y nunca la encontramos, no creo que nunca sea capaz de vivir conmigo mismo.

Y así fue que me encontré sentado en una puerta de salidas en el aeropuerto de Edimburgo, listo para embarcar en un vuelo con tres escalas y más de treinta horas de regreso a Urumqi. Hice una fotografía de mi itinerario de vuelo y la subí en línea. Con tantas personas que fueron amables y generosas los días anteriores, quería que supieran que yo estaba haciendo todo lo posible para ayudar.

Habían pasado solamente cuatro días desde la llamada telefónica, pero volé con el conocimiento de que las personas que habían donado tan generosamente para ayudar a llevar a casa a Gobi querían que yo regresara y la encontrara. Habíamos creado una segunda página web de *crowdfunding*, llamada Finding Gobi (La búsqueda de Gobi) para pagar mi viaje y también los costos que ya tenía el equipo de búsqueda: imprenta, gasolina, conductores, personal y comida. Al igual que con la página web Bring Gobi Home, la generosidad de la gente nos había dejado sin habla a Lucja y a mí. Llegamos a nuestra meta de 6.200 dólares en los dos primeros días.

Me fui también con la bendición de mi jefe. Cuando comencé a decirle que Gobi se había perdido, él no esperó a que yo terminara.

—Ve allí —dijo—. Encuentra a la perrita. Soluciona esto. Tómate todo el tiempo que necesites.

En cuanto a Atacama, ese era el único problema para el que no podía encontrar solución. Sabía que regresar a China suponía abandonar mis planes de obtener un resultado estupendo en octubre, pero decidí que era inútil preocuparme por eso. Si perdía Atacama pero encontraba a Gobi, todo habría valido la pena.

Abordé y revisé Facebook una última vez. Habían entrado decenas de mensajes, todos ellos llenos de aliento, positividad y buena fe. Muchos de ellos decían exactamente lo mismo: estaban orando por un milagro.

Yo estaba de acuerdo. Eso era exactamente lo que necesitábamos. Nada menos que eso lo lograría. En algún momento en medio de la neblina de somnolencia del vuelo durante toda la noche, la historia de Cliff Young volvió otra vez a mi mente.

Como yo, él no tenía idea de que iba a causar tal conmoción cuando caminaba sin prisa hasta la línea de salida en 1983. Supongo que tampoco se le pasaba por la mente que iba a ganar; pero él sabía que podía recorrer esa distancia. La experiencia, la confianza en sí mismo, y un poco de no saber a lo que se enfrentaba, ayudó a darle la confianza que necesitaba.

¿Iba yo a encontrar a Gobi? No lo sabía. ¿Iba a poder hacer lo que la gente sugería y conseguir que los medios de comunicación locales cubrieran la historia? Tampoco sabía eso. ¿Tenía alguna experiencia de haber hecho algo parecido a eso antes? Ninguna.

Pero sabía que tenía la determinación necesaria para la lucha. Sabía que mi deseo de encontrar a Gobi era tan fuerte como cualquier deseo que hubiera tenido nunca en mi interior. Pese a lo que hubiera que hacer, yo sabía que no iba a descansar hasta que no dejara ningún rincón donde buscar.

14

DIEZ MINUTOS DESPUÉS DE ALEJARNOS DEL AERO-
puerto, finalmente supe lo que no me gustaba de Urumqi. Había estado
demasiado distraído para fijarme cuando atravesé la ciudad mientras
viajaba de ida y de regreso de la carrera, pero mientras iba en el asiento
trasero del auto de Lu Xin al lado de la traductora, le escuché explicar las razones por las que cada farola y cada puente estaba cubierto
por cámaras en un circuito cerrado de televisión. Al final lo entendí.
Urumqi daba la sensación de ser opresivo, de ser peligroso. De manera
extraña, me recordaba a cuando vivía en la pensión en Warwick cuando
tenía quince años. La amenaza de violencia estaba por todo lugar, y me
sentía incapaz de defenderme.

Según mi traductora, Urumqi es un modelo del modo en que el
estado chino aborda la inquietud política y las tensiones étnicas. Existe
un historial de violencia entre el pueblo indígena uigur, que practica el
islam suní y que se ven a sí mismos separados de la China establecida,
y el pueblo chino han, quienes han sido alentados por el estado chino a
migrar a la zona con el incentivo de reducciones de impuestos.

En 2009 los uigur y los han tomaron las calles, peleándose con
tuberías de hierro y cuchillos de carnicero. Murieron más de cien personas, y casi dos mil resultaron heridas.

—¿Ve ese lugar? —preguntó mi traductora, a quien puse el apodo de Lil. Era una lugareña que resultó que estudiaba inglés en la universidad en Shanghai. Cuando ella oyó sobre Gobi se apuntó a la tarea, y desde el comienzo conecté bien con ella.

Estábamos en medio del tráfico y pasábamos muy despacio por una zona de terreno abierto bordeada por una valla de alambre de cuchillas y custodiada en la entrada por soldados que llevaban armas automáticas. Los soldados observaban atentamente a las personas mientras estaban en fila para pasar por un escáner de aeropuerto. Para mí, parecían unas instalaciones militares.

—Eso es un parque —me dijo Lil—. ¿Ha estado en una de las estaciones de tren aquí?

—Oh, sí —dije sonriendo—. Fue divertido intentar atravesarla. ¿Qué hay, dos puestos de seguridad que pasar?

—Tres —dijo Lil—. Hace dos años, separatistas uigur lanzaron un ataque. Usaron cuchillos y pusieron bombas, y mataron a tres personas e hirieron a setenta y nueve. Entonces, unas semanas después, mataron a treinta y una e hirieron a noventa en un mercado.

En la oleada de violencia de 2009 las autoridades chinas instalaron miles de cámaras de alta definición en un circuito cerrado de televisión; y cuando unos años después se reanudaron los ataques con cuchillos, los bombardeos y las revueltas, instalaron aún más cámaras, y también pusieron escáneres y miles de alambre de cuchillos, e inundaron las calles de soldados fuertemente armados.

Lil señaló una nueva estación de policía que estaban construyendo en una diminuta zona de terreno, y después otra idéntica en construcción más adelante en la carretera.

—Este mes tenemos a un nuevo secretario del Partido Comunista. Era el oficial de más alto rango en el Tíbet, de modo que sabe cómo manejar la tensión étnica. Todas estas estaciones de policía nuevas y controles de seguridad son gracias a él.

No creo que Lil estuviera siendo sarcástica, pero no podía estar seguro. Mientras ella seguía hablando, tuve la sensación de que tenía en poco al pueblo uigur.

—Cuando las fuerzas comunistas llegaron a la región de Xinjiang hace sesenta años, el presidente Mao adelantó los relojes de modo permanente, pues quería que todas las regiones tuvieran la misma hora de Beijing; pero el pueblo uigur se resistió, y sus restaurantes y mezquitas siguen el horario con dos horas atrasadas. Cuando los chinos han se despiertan y comienzan a trabajar, la mayoría de los uigur aún siguen durmiendo. Somos como dos familias diferentes que viven en la misma casa.

Todo eso era muy interesante, pero yo no había dormido nada en los vuelos. Lo único que quería hacer era llegar a mi hotel e hibernar durante algunas horas.

Lil dijo que no había tiempo para ir al hotel.

—Lu Xin quiere que conozca usted al equipo. Se han pasado las tardes buscando por las calles donde se perdió Gobi y distribuyendo carteles. Le llevaremos al hotel más tarde.

Desde que me enteré de la desaparición de Gobi, había estado frustrado por la falta de acción, de modo que ahora no podía quejarme.

—Muy bien —dije mientras nos deteníamos en un semáforo al lado de un vehículo blindado que tenía capacidad suficiente para derribar un banco—, vayamos.

Cuando estacionamos en lo más alto de una calle residencial y finalmente vi la zona donde se había perdido Gobi, se me cayó el alma a los pies. Bloques de apartamentos de ocho o diez pisos de altura se alineaban en la calle. El tráfico se disparaba en la carretera principal que teníamos a nuestras espaldas, y en la distancia corta podía ver una zona de vertedero que parecía conducir el camino entero hasta una serie de montañas en la distancia. La zona no solo estaba densamente poblada por personas y tráfico peligroso; si Gobi había decidido dirigirse hacia territorio familiar y correr en dirección a las montañas, podía estar a kilómetros y kilómetros de distancia, aunque si se había quedado en el radio de cinco a ocho kilómetros que había sugerido Chris, tendríamos que llamar a miles y miles de puertas.

En el auto no había hablado mucho con Lu Xin, pero mientras miraba a los alrededores ella estaba a mi lado y sonreía. Comenzó a hablar, y yo miré a Lil en busca de ayuda.

—Le está contando de cuando perdió a su perro. Dice que se sintió como usted se siente ahora. También dice que Gobi está por ahí; ella lo sabe, y dice que juntos la encontrarán.

Le di las gracias por su amabilidad, aunque no podía compartir su optimismo. La ciudad era más grande aún de lo que recordaba, y un solo vistazo era suficiente para decirme que la zona donde vivía Nurali estaba llena de lugares donde podría perderse un perro. Si Gobi estaba herida y había encontrado algún lugar seguro donde ocultarse, o si la estaban reteniendo en contra de su voluntad, nunca la encontraríamos.

Lu Xin y Lil mantenían una conversación profunda mientras dirigían el camino por la calle. Yo las seguía con el resto del equipo de búsqueda: un puñado de personas de mi misma edad, principalmente mujeres, que llevaban carteles y me sonreían mucho. Yo asentí con la cabeza y dije *ni-hao* algunas veces, pero la conversación era limitada. No me importaba mucho. En cierto modo, la posibilidad de poder caminar al fin por las calles y poner algunos carteles, de poder *hacer algo*, me hacía sentirme mejor.

Giramos por una esquina, y vi mi primer perro callejero del día. Era más grande que Gobi y se parecía más a un labrador que a un terrier, con tetillas que le llegaban hasta abajo, como una cerdita.

—¿Gobi? —preguntó una de las señoras que iban a mi lado. Llevaba puesta una bata blanca de laboratorio, agarraba un montón de carteles, y sonreía y asentía con entusiasmo mientras yo la miré fijamente—. ¿Gobi? —volvió a preguntar.

—¿Qué? Oh, no. No es Gobi —dije yo. Señalé a las fotos de Gobi que había en el cartel—. Gobi es pequeña. No grande.

La mujer me sonrió y asintió incluso con más entusiasmo.

Sentí que la última pizca de esperanza se evaporaba como si fuera humo.

Pasamos el resto de la tarde caminando, poniendo más carteles, e intentando calmar a la mujer que llevaba la bata blanca, que Lil me dijo que era una doctora de medicina china, siempre que veía a un perro de cualquier tipo.

Debíamos parecer una extraña colección de chiflados mientras seguíamos a Lu Xin y a Lil, que eran quienes parecían sensatas y de aspecto normal. Y también estaba yo, la única persona que no era china que había visto desde que salí del aeropuerto, sobrepasando en altura a todos los demás, preocupado y triste. Junto a mí estaba Mae-Lin, una mujer particularmente glamurosa (parece que era peluquera), que se movía como si fuera una estrella del cine de la década de 1950 y que iba acompañada por un caniche con tinte azul en sus orejas y una falda de verano rodeando su cintura. Y luego estaba la mujer a quien puse el apodo de «la doctora», con su sonrisa perpetua y sus entusiasmados gritos de «¿Gobi? ¿Gobi?», que gritaba mientras salía corriendo por callejones al azar y por la parte trasera de bloques de apartamentos. Cuando los perros callejeros se acercaban, la doctora metía su mano en el bolsillo y sacaba algunos regalitos que les daba para comer.

Era obvio que todos ellos amaban a los perros, y mientras caminábamos y hablábamos con Lil, supe por qué.

—Los perros callejeros son un problema en China —dijo, traduciendo a Lu Xin—. Algunas ciudades los atrapan y los sacrifican, y así es como llegan al comercio de la carne; pero eso no sucede aquí, al menos no en público. La mayoría de gente uigur cree que los perros son impuros, y de ninguna manera los tendrían como mascotas en sus casas, y aún menos se los comerían. Así que los perros merodean por las calles. A veces pueden ser peligrosos, y por eso la gente los mata. Eso es lo que estamos intentando cambiar; queremos cuidar de los perros callejeros, pero también queremos mostrar a la gente que no tienen que asustarse de los perros, y que también deberían cuidarlos.

Yo estaba seguro de que Nurali era una uigur, y no sabía bien cómo tomarme la noticia de Lu Xin.

—¿Cree que Nurali habría cuidado bien de Gobi?

Lu Xin miró de modo extraño.

—¿Qué sucede? —pregunté.

—Hemos estado hablando con personas, y no creemos que Gobi se perdiera cuando Nurali dijo que se perdió. Creemos que ella perdió a Gobi mucho antes.

—¿Cuánto tiempo antes?

Ella se encogió de hombros.

—Quizá una semana. Quizá diez días.

Yo lo había sospechado todo el tiempo, pero aun así fue doloroso oírlo. Si Gobi realmente había estado tanto tiempo perdida, la distancia que podría haber recorrido era inmensa. Ya podría estar lejos, muy lejos de la ciudad. Y si lo estaba, nunca la encontraría.

Durante toda la tarde vimos a perros callejeros, pero siempre estaban solos. Evitaban las carreteras principales y trotaban por las más tranquilas. Era como si estuvieran intentando mantenerse fuera de la vista.

Después de algunas horas fue cuando vimos nuestro primer grupo de perros callejeros. Estaban olisqueando por un trecho de terreno vacío a unos treinta metros de distancia, y debido a que yo estaba cansado de caminar y quería acortar y correr un rato, les dije que iba a adelantarme y comprobar rápidamente.

Correr era una buena sensación.

Cuando llegué al lugar donde había estado el grupo de perros, ya se habían dispersado. El trecho de terreno estaba totalmente vacío, y en una esquina había una estructura de escombros a medio terminar. En lugar de dar la vuelta y regresar donde estaban los demás, decidí husmear por allí.

El clima era mucho más caluroso en agosto de lo que había sido a final de junio, y el sol era feroz esa tarde. Supongo que por eso no había ninguna otra persona por allí y el ruido del tráfico había disminuido. Me quedé a la sombra del edificio a medio terminar, disfrutando de la tranquilidad.

Algo captó mi atención. Era un sonido que me resultaba familiar, que me llevó de regreso al día en que Lucja y yo fuimos a recoger a Curtly, nuestro San Bernardo.

Rodeé la parte de atrás del edificio buscando la fuente de esos sonidos.

Enseguida la encontré.

Cachorros.

Una camada de dos, de quizá cuatro o cinco semanas de edad. Estuve un rato observando. No había señal alguna de la mamá, pero parecían estar bien. Aunque Urumqi claramente no era refugio para mascotas, la densidad de ocupación significaba que debía de haber muchas oportunidades para que un perro encontrara comida.

Con sus grandes ojos y sus torpes patas, los cachorros no eran solamente hermosos; eran adorables. Pero al igual que con todos los mamíferos, esa fase indefensa y adorable pasaría. Me preguntaba cuánto tiempo tendrían antes de verse obligados a alimentarse por sí solos. Me preguntaba si ambos lo lograrían.

Oí que los demás me llamaban por mi nombre mientras me aproximaba a ellas. Estaban claramente preocupadas, y la doctora salió corriendo para agarrar mi mano y llevarme apresuradamente hasta Lil.

—Alguien ha visto a una perra que cree que es Gobi. Tenemos que ir.

Yo no sabía qué pensar, pero había agitación en el aire. Incluso Lu Xin parecía esperanzada, y mientras conducíamos los 700 metros que había hasta la ubicación, la charla en el auto se fue animando cada vez más.

Cuando llegamos allí, yo también comenzaba a creer. Aunque probablemente habría creído cualquier cosa; no había dormido adecuadamente en treinta y seis horas, y no podía recordar la última vez que había comido.

Un hombre viejo que sostenía uno de nuestros carteles se presentó a Lil cuando estacionamos el auto. Los dos charlaron durante un rato, y el viejo señalaba a la foto de Gobi que había en el cartel e indicaba que la había visto un poco más adelante por una vía que recorría la parte trasera de un bloque de apartamentos.

Fuimos donde él sugería. Yo intenté decirles que su hábito de gritar «¡Gobi! ¡Gobi!» mientras caminábamos era inútil, dado que Gobi había sido conocida con ese nombre solamente unos pocos días. Ella era inteligente, pero no tanto.

Nadie siguió mi consejo, y los gritos de «¡Go-bi! ¡Goooooo-bi!» continuaron. Después de treinta minutos de vagar por allí, comenzaba a cansarme. La ráfaga de adrenalina que había experimentado cuando llegó la noticia de haberla visto ya hacía mucho que se había ido, y yo estaba preparado para dar por concluido el día y llegar al hotel.

El destello de pelo color marrón que vimos a unos cientos de metros de distancia hizo que todos nos detuviéramos de repente. Hubo un momento de silencio colectivo; y entonces hizo erupción el caos.

Yo corrí rápido hacia el perro, dejando a mis espaldas el sonido de los demás que gritaban. ¿Podría haber sido realmente Gobi? El color era el correcto, y también parecía tener el mismo tamaño; pero no podía ser ella, ¿o sí? Claramente, no podría ser así de fácil, ¿cierto?

El perro no se veía por ninguna parte cuando llegué hasta allí. Seguí buscando, corriendo por la red de callejuelas y senderos sucios que conectaban los bloques de apartamentos.

—¿Gobi? ¡Gobi! ¡Dion! ¡Dion!

Los gritos venían de detrás de mí, en algún lugar cercano al camino principal.

Yo regresé corriendo.

Todos estaban muy juntos, formando un grupo, y se apartaron cuando me aproximé, dejando ver a un terrier de color marrón. Ojos negros; cola espesa. Todo encajaba, pero no era Gobi, y lo supe cuando me acerqué a corta distancia. Las patas eran demasiado largas y la cola demasiado corta, y supe al mirar al perro que no tenía el espíritu de Gobi. Estaba olisqueando los pies de las personas como si sus piernas fueran troncos de árboles, pero Gobi habría mirado hacia arriba, con sus ojos fijos en cualquier ser humano que estuviera tan cerca.

Costó un poco convencer a los demás, pero finalmente lo aceptaron.

La búsqueda tendría que continuar.

Ya en el hotel, en los minutos que pasaron antes de que mi cuerpo cediera al profundo cansancio que había estado acumulando todo el día, volví a pensar en la tarde.

Mis compañeras de equipo de búsqueda eran personas maravillosas, dedicadas y entusiastas que daban de su tiempo sin esperar ninguna recompensa económica en absoluto, pero no tenían pista alguna sobre Gobi. Estaban buscando a un solo perro por una ciudad que estaba llena de perros callejeros, y lo único que tenían para continuar era un cartel casero con un par de imágenes de baja calidad.

Nunca habían visto a la perrita en persona, nunca la habían oído ladrar ni habían observado el modo en que se le movía el rabo cuando corría. ¿Qué posibilidades tenían de reconocerla en una ciudad como esa?

Encontrar a Gobi iba a ser como encontrar una aguja en un pajar, o quizá un reto aún mayor que ese. Yo era un idiota por haber pensado que sería capaz de lograrlo.

15

SE PODRÍA DECIR QUE SOY UN ADICTO. EL SENTIMIENTO
que obtengo cuando estoy en una carrera, cuando voy el primero al
frente del pelotón, es una droga muy potente. En algunas carreras, como
el Maratón des Sables, si eres quien está liderando el pelotón, tendrás
un auto delante de ti, helicópteros rastreándote desde el aire, y todo un
grupo de drones y cámaras captando tu momento en plena gloria de alta
definición. Es divertido, pero el verdadero alboroto no viene de toda esa
potencia y tecnología; lo que realmente me mantiene motivado es saber
que por detrás de mí hay una multitud de mil corredores, todos ellos
corriendo un poco más lentamente que yo.

He pasado un par de días corriendo así en Marruecos, y he tenido
la fortuna suficiente para competir en varias carreras. Cada vez que
soy uno de los corredores que van en primer lugar, ya sea que haya
helicópteros en el cielo o nada más que voluntarios empapados que se
protegen del clima de Escocia, la euforia se mantiene en mí durante días
después de la carrera.

De hecho, ni siquiera tengo que ir en primera posición para conseguir mi parte de vena ganadora. También soy realista, y sé que nunca
voy a ganar una carrera como el Maratón des Sables. Esos diez primeros
lugares son el dominio de los corredores de resistencia más dotados del

planeta. Yo soy tan solo un corredor por afición que llegó al deporte tarde en la vida tras una década de vida como un tipo gordo y apalancado en el sofá. Contra atletas profesionales que han pasado toda su vida corriendo, las probabilidades no van siempre a favor mío.

Eso supone que tengo que establecer mis metas con cuidado y atención. En un evento donde corren los mejores del mundo, *ganar*, para mí, es terminar entre los veinte primeros. El alboroto que obtendría al terminar entre esas posiciones en el Maratón des Sables sería tan dulce como una medalla de oro en Atacama.

Estoy agradecido porque en los pocos años que llevo corriendo he llegado a familiarizarme bien con los puntos altos de mi deporte; también conozco los puntos bajos, y no hay nada que aborrezca más que no poder competir. Estar lesionado hasta el punto de no poder moverme físicamente tan rápido como creo que debería: eso me mata de verdad. Que me adelanten personas que sé que son más lentas que yo, duele como si un cuchillo me atravesara el corazón. Estar tan desanimado conmigo mismo que decida detenerme y abandonar por completo una carrera, como hice en mi primer ultramaratón, es lo peor que puede ocurrir.

Esas experiencias pueden dejarme sintiéndome agotado y deprimido. Me enojo conmigo mismo y me frustro hasta el punto de querer lanzarlo todo por la borda. En esos momentos no es muy divertido estar cerca de mí.

Al estar buscando a Gobi por las calles de Urumqi en el caluroso verano, pude sentir que llegaba ese choque, y podía saber que iba a ser uno grande.

Había estado eufórico desde que terminé en segunda posición en la carrera del desierto de Gobi. Parte de eso fue el éxito de la carrera, parte fue el éxito continuado en mi entrenamiento, y mucho más fue gracias a la emoción por poder llevar a casa a Gobi. En cuanto ella se perdió, pasé a modo de acción, pensando primero en cómo encontrarla, después en cómo decírselo a quienes nos apoyaban, y después en cómo poder viajar yo mismo a Urumqi para unirme a la búsqueda. La vida había estado frenéticamente ocupada desde el momento de aquella terrible llamada telefónica, y no había tenido oportunidad de parar.

Todo eso cambió cuando llegué a Urumqi. Cuando me desperté por primera vez en el hotel, la realidad de la situación finalmente me alcanzó. Estaba convencido de que todo estaba perdido.

Sabía que tenía que mostrar una cara de valentía para el resto del equipo de búsqueda, de modo que cuando llegó Lu Xin a buscarme poco después del desayuno, me puse mis lentes de sol y mi mayor sonrisa, e intenté fingir que todo iba bien.

Pasamos la mañana reanudando nuestra campaña de carteles, trabajando sistemáticamente a lo largo de las calles y poniendo un cartel en el parabrisas de cada vehículo estacionado que podíamos ver. La mayoría de las veces, si regresábamos a la calle una o dos horas después, veíamos que habían quitado todos los carteles y los habían amontonado en una papelera.

Tuvimos un par de discusiones con los hombres cuyo trabajo era mantener limpias las calles. La primera vez que sucedió, el hombre mayor no quiso escuchar los intentos y la explicación de Lu Xin. La segunda vez fue la doctora quien intervino. Tuvo un enfrentamiento con otro hombre mayor, y este realmente ponía todo su corazón y su alma en los gritos; volaban babas de su boca mientras rompía un puñado de los carteles que había quitado de los primeros vehículos. La doctora se le enfrentó a la cara, gritando igual de fuerte. Los dos hablaban tan rápido que yo no me molesté en pedir a Lil que tradujera, pero podía detectar que la doctora se negaba a batirse en retirada.

Al final, ella ganó. El viejo me miró fijamente, levantó las manos y se alejó. La actuación de la doctora fue tan sorprendente para los demás como para mí, y todos nos quedamos allí de pie y mirando fijamente asombrados cuando ella regresaba hacia donde estábamos.

Ese fue casi el único momento bueno del día. El resto del tiempo lo empleé en intentar no dejar que mis pensamientos se descontrolaran, pero era casi imposible. Lo único necesario era tener un destello de las montañas en la distancia, y yo me preocupaba porque Gobi hubiera intentado regresar al tipo de terreno con el que estaba familiarizada.

A mitad de la tarde hubo otra ráfaga de actividad cuando llegó la noticia de que alguien podría haberla visto. Esta vez enviaron una fotografía, y para mí estaba claro que el perro no se parecía en nada a Gobi. Yo estaba a favor de declinar la oportunidad, pero el resto del equipo quería comprobarlo. Después de la decepción del día anterior, me sorprendió que ellos siguieran tan positivos.

El perro no se parecía en nada a Gobi, desde luego, y regresé y me senté en el auto en cuanto pude. Probablemente me veía desesperado por seguir adelante, y en cierto sentido así era; pero en realidad tan solo quería un momento de descanso. Llevar puesta la sonrisa falsa me estaba matando.

Cuando Lu Xin me llevó de nuevo al hotel, la noche estaba avanzada. Nos habíamos librado de miles de carteles a lo largo de kilómetros y kilómetros de vehículos estacionados. Habíamos discutido con barrenderos, habíamos suplicado a tenderos, y habíamos visto a incontables conductores regresar a sus vehículos y tirar al suelo los carteles sin ni siquiera mirarlos. Yo no había comido nada desde el desayuno, aún tenía jet lag, y me dijeron que el restaurante del hotel ya estaba cerrado.

Ordené algo al servicio de habitaciones, tomé un trago del mini bar, e intenté llamar a Lucja. No hubo respuesta; de modo que esperé un poco más y tomé otro trago. Y después otro.

Cuando Lucja devolvió la llamada, me inundó una gran oleada de tristeza, como si hubieran quitado el tapón a una bañera llena de agua. No pude hablar durante un minuto o más; lo único que podía hacer era llorar.

Cuando al fin recuperé el aliento y me sequé la cara, Lucja tenía noticias para mí. Había estado escribiendo por correo electrónico a Kiki desde que yo me fui de Edimburgo, y las dos habían acordado que conmigo en Urumqi ahora, teníamos que hacer todo lo que pudiéramos para lograr que los medios de comunicación locales cubrieran la historia. Ella había pasado gran parte del día poniéndose en contacto con medios, y tras muchas dificultades de comunicación, había organizado todo para que uno de ellos me entrevistara al día siguiente.

—Es tan solo un programa en la televisión local —me dijo—. No es mucho, pero es un comienzo. Quizá moverá las cosas, como lo hizo el artículo del *Daily Mirror*.

—Eso espero —dije yo. Los dos sabíamos que no tenía el corazón en ello.

—Oye —añadió ella—, alguien en Facebook dijo que tienes que asegurarte de que esos carteles no estén solamente en chino, sino también en cualquier lengua que lean los uigur. Has hecho eso, ¿verdad?

—No —di un suspiro, deseando tomar otro trago—. Lucja, todo esto es imposible. Si ella se adentró en la ciudad, hay tráfico por todo lugar y grandes grupos de perros callejeros que probablemente la harían pedazos. Si salió hacia las montañas, ahora podría estar ya a cientos de kilómetros de distancia, e incluso si de algún modo pudiéramos saber en qué dirección se fue, no hay carreteras que poder seguir. Lo único que hemos hecho es distribuir carteles, y ahora descubrimos que ninguno de los lugareños puede leerlos. Hemos terminado incluso antes de haber comenzado.

Lucja me conoce lo bastante bien como para dejarme despotricar un poco más. Solamente cuando me quedé sin palabras fue cuando ella habló de nuevo.

—Ya sabes lo que voy a decir, ¿verdad?

Yo lo sabía; pero de todos modos quería oírla decirlo.

—Consúltalo con la almohada. Todo se verá diferente en la mañana.

Por una vez Lucja se equivocó. No me desperté sintiendo optimismo, y no tuvimos ningún avance cuando continuamos la búsqueda en la mañana. Seguimos la rutina usual de distribuir carteles, meternos en discusiones, y manejar la deprimente escena de esas montañas en la distancia.

Había una diferencia, sin embargo: el equipo de búsqueda era ahora considerablemente más grande. Junto con Lu Xin, Lil, la peluquera y la doctora, muchas otras personas se habían unido a nuestro equipo. En cierto momento más adelante durante la búsqueda conté cincuenta personas, y veinte de ellas decidieron seguir buscando toda la noche mientras yo dormía. Eran personas notables, y nunca podré agradecérselo lo suficiente.

Hacer la entrevista para la televisión en el hotel más adelante ese día fue una buena idea. Me recordó la oleada de interés que habíamos tenido cuando empezó la recaudación de fondos. Yo no había hecho ninguna entrevista desde que Gobi se había perdido, principalmente por decisión propia. Al no tener ninguna noticia que compartir, no parecía ser muy útil hacerlo.

La estación de televisión local era diferente. El reportero quería saber por qué un tipo de Escocia había hecho todo el camino hasta esa ciudad para buscar a una perrita, y parecía gustarle el hecho de que la búsqueda estuviera siendo realizada por lugareños.

Lo que la estación hizo con la historia, fuese lo que fuese, funcionó. Al día siguiente tuvimos a otros dos nuevos voluntarios que se incorporaron a la búsqueda, y más de una decena de peticiones de entrevistas de canales de televisión y periódicos chinos. Igual que la cobertura que habían hecho el *Daily Mirror* y la BBC en casa, esa primera entrevista en la televisión china se había vuelto viral, desatando interés desde todas las partes del país. Una estación de televisión incluso envió a un equipo para seguirme durante una emisión en directo de dos horas de la búsqueda por las calles.

No toda la atención fue positiva. Lu Xin habló por teléfono con una mujer que afirmaba haber visto a Gobi en una visión y que Gobi estaba corriendo por montañas cubiertas de nieve. Yo lo descarté, pero me di cuenta de que algunos de los que buscaban estaban interesados en eso.

—Dile que si es buena en esas visiones, necesita tener una que tenga más detalles. Dile que necesitamos saber exactamente en cuál de esas montañas está Gobi.

Yo sabía que nadie iba a entender la broma.

Al día siguiente llegaron los carteles nuevos con el mensaje en chino y en la versión del árabe que usan los uigur. Obtuvimos la misma reacción de desinterés de la gente, pero al menos el interés de los medios seguía aumentando.

Comenzaron a acercarse personas a mí en la calle queriendo hacerse una foto. Que yo no hablara chino ni ellos inglés significaba que no podríamos hablar mucho, pero todos parecían haber oído sobre Gobi y querían llevarse algunos carteles. Cada vez que eso sucedía, me recordaba a mí mismo que si todo esto salía bien, solo sería necesario un cartel para lograrlo.

Junto con los medios de comunicación chinos, medios internacionales comenzaron a interesarse otra vez. Lucja se había ocupado del teléfono en casa, y después de un día de búsqueda por las calles, regresé al hotel y hablé con periodistas y productores en Reino Unidos y los Estados Unidos. Eso significaba quedarme despierto hasta muy tarde y no dormir mucho, pero era mucho mejor que quedarme sentado y sintiéndome impotente y deprimido.

Desde que llegué a Urumqi, había perdido todo contacto con los organizadores de la carrera. No hubo correos electrónicos ni llamadas telefónicas, ni ninguna señal de que ellos contribuyeran de alguna manera a la búsqueda. Estábamos solos, eso estaba claro.

A lo largo de los años personas me han dicho que, dada la manera en que mi niñez se amargó, se sorprenden de que yo no fastidiara mi vida.

Yo les digo que mi niñez tuvo algunas dificultades, pero también me dio las herramientas que necesitaba para sobrevivir. Todo aquel dolor y pérdida me dieron cierto tipo de dureza, y correr me dio la oportunidad de hacer buen uso de eso. Dolor, duda, temor. Descubrí que soy bastante bueno para bloquear todos esos sentimientos cuando estoy corriendo; es como si tuviera un interruptor interno que puedo encender o apagar cuando quiera.

También utilizo esa habilidad de bloqueo en el trabajo. No abandono cuando parece que todo está perdido, y no aceptaré un no por respuesta. Esa resistencia mental que aprendí de niño me ha ayudado en muchos aspectos, y estoy agradecido por ello. Pero perder a Gobi fue una conmoción; me enseñó que no soy tan duro como creo.

Después de todo lo que ella había hecho para mantenerse a mi lado, no podía simplemente olvidarme de ella. No podía apagar el interruptor y seguir adelante; no podía evitar temerme lo peor, dudar de nuestras posibilidades, o sentir el tremendo dolor de saber que, día tras día, la estaba perdiendo.

16

EL CUARTO DÍA EN URUMQI FUE CASI IDÉNTICO A TODOS los anteriores. Estaba levantado a las seis en punto, comiendo masitas chinas con el resto del equipo de búsqueda en un contenedor de transporte convertido en cafetería. Hablábamos sobre cuánto tiempo llevaba perdida Gobi: oficialmente eran diez días, pero ninguno de los voluntarios creía eso; todos pensaban que llevaba extraviada al menos el doble de tiempo.

Se incorporó una muchacha nueva: Malan, y con ella éramos diez personas esa mañana. Malan me dijo que me había visto en televisión la noche antes, y que se sintió tan conmovida por la historia que se puso en contacto con Lu Xin y preguntó si podía ir y ayudar. Ella demostró su valía desde el comienzo, sugiriendo que distribuyéramos la versión en lengua uigur de los carteles en un barrio uigur cercano.

Las casas eran todas de un solo piso, una amalgama de ladrillos sueltos y tejados de metal oxidado. Las calles que habíamos recorrido habían sido anchas y limpias, con vehículos estacionados a los lados; este barrio uigur tenía callejuelas estrechas y serpenteantes, pocos vehículos, y muchas cabras enjauladas en espacios no mucho mayores que un baño de un hotel.

Me preguntaba si esa era la primera vez que los miembros del equipo de búsqueda que eran chinos han habían estado en la parte uigur de la ciudad. Si así era, no mostraban nada; tan solo seguían con la tarea de entregar carteles a tantas personas como fuera físicamente posible.

La única diferencia aquel día llegó en la tarde cuando Lu Xin me dejó en el hotel para hacer mi entrevista mientras ella iba al aeropuerto a recoger a Richard, mi compañero de carpa en la carrera del Gobi. Él vivía en Hong Kong, y su trabajo lo llevaba por toda China. Él y yo habíamos mantenido el contacto desde la carrera, y él había apoyado generosamente la recaudación de fondos para llevar a Gobi a casa. Cuando se enteró de que iba a estar a poca distancia de mí en avión, se ofreció a llegar a Urumqi y ayudar con la búsqueda durante unos días.

Me emocionaba que un amigo llegara y ayudara, y el hecho de que Richard hablaba mandarín con fluidez era otro beneficio. Y yo también tenía ilusión por poder correr. Desde que llegué a Urumqi, había deambulado por las calles al mismo ritmo de tortuga que el resto del equipo de búsqueda; había intentado que ellos aceleraran un poco, pero fue inútil.

Richard y yo fuimos a correr a un parque cercano al hotel en cuanto él llegó del aeropuerto. Todo el tiempo yo había tenido mi mirada en las montañas, y había visto que había varias aldeas en el terreno que separaban la ciudad de las colinas. Quería que Richard me ayudara a recorrer algunos kilómetros y repartir algunos carteles entre los lugareños que vivían allí.

Richard tenía otros planes. Yo no lo sabía en ese momento, pero Lucja ya había estado en contacto con él pidiéndole que cuidara de mí porque ella sabía que yo estaba estresado y no comía adecuadamente.

Después de la carrera nos reunimos con el equipo. Lu Xin parecía ansiosa, y Lil me habló de algunas llamadas que ella había tenido. Eso no era nada nuevo. Cuantos más carteles distribuíamos, más llamadas llegaban. Eran principalmente falsas alarmas, pero a veces eran de personas que preguntaban si aumentaríamos la recompensa si nos traían a Gobi. Solo desperdiciaban nuestro tiempo, y después de las primeras llamadas de ese tipo, Lu Xin dejó de hablarme de ellas.

Estas llamadas eran diferentes. Yo podía sentir que ella ocultaba algo, y le presioné para que me dijera qué sucedía.

—Tan solo alguien que fue malo —dijo ella, pero yo no estaba satisfecho con eso.

—Dímelo. Quiero saberlo.

—Lu Xin respondió a una llamada esta tarde, y le dijeron que van a matar a Gobi.

Al principio no lo entendí, pero cuando asimilé la noticia, me sentí enfermo. Si era una broma, era despreciable; si era real, me aterraba.

Estaba un poco más calmado cuando regresé al hotel, pero la entrevista con la BBC más avanzada la tarde fue un poco desastre. Me sentía particularmente desesperado y deprimido en cuanto a la búsqueda, y aunque sabía cuán importante era transmitir optimismo y ser positivo, dejar claro que no era un caso desesperado, fallé. Estaba agotado, preocupado, y no era capaz de ver cómo podríamos esperar encontrar a Gobi. No fue mi mejor momento en los medios.

Aunque me había sentido tan desanimado, quise hacer la entrevista a causa de un artículo que había aparecido en el *Huffington Post* dos días antes. Bajo el titular «Perrita extraviada del maratón, Gobi, puede haber sido agarrada por ladrones de carne de perro», el artículo citaba a alguien de Humane Society International que decía que era «muy preocupante que Gobi se haya extraviado en China, donde entre 10 y 20 millones de perros son sacrificados cada año a causa del mercado de carne de perro».[1] Por lo que me había dicho Lu Xin, el mercado de carne de perro no era común en la región donde estábamos, en especial dado el elevado número de uigures musulmanes que vivían allí. No había modo alguno en que ellos comieran perros, pues los consideraban tan impropios para el consumo humano como a los cerdos.

---

1. Kathryn Snowdon, «Missing Marathon Dog Gobi May Have Been Snatched by Dog Meat Thieves, Humane Society International Warns», *Huffington Post*, 22 agosto 2016, http://www.huffingtonpost.co.uk/entry/gobi-missing-marathon-dog-may-have-been -snatched-by-dog-meat-thieves-humane-society-international-warns_ uk_57baf263e4b0f78b2b4ae988

El artículo no solo era impreciso, además no era útil. Teníamos en el equipo de búsqueda a un pequeño grupo de amantes de los perros, pero necesitábamos que los medios locales y nacionales chinos cubrieran la historia y ayudaran a convencer a la población general en la ciudad para que se interesaran por una perrita. Chris y Kiki ya me habían aconsejado que me mantuviera positivo y nunca dijera nada crítico hacia el estado mientras me entrevistaban, y yo sabía que si las autoridades tenían la sensación de que se estaba utilizando la historia por los medios occidentales para presentar a los chinos como bárbaros que comían perros, perdería toda esperanza de volver a obtener su ayuda.

Lo cierto era que el equipo local de búsqueda había sido estupendo. Yo quería decir a la BBC y a todos los que nos apoyaban en mi país que habíamos recibido un apoyo asombroso por parte del público en general y también por parte de las autoridades. Quería dejar perfectamente claro que cada persona que había conocido había sido útil, amable y generosa. No podría haber pedido más al equipo, a los medios chinos y a Kiki en Beijing. Incluso si nunca encontrábamos a Gobi, el apoyo de todos había sido fenomenal.

Eso era lo que quería decirle a la BBC aquella noche; en cambio, transmití la sensación de que estaba listo para poner fin a la búsqueda.

Richard salvó la situación con unas cervezas y una buena comida. Hablamos de cosas que no tenían nada que ver con Gobi o con la búsqueda, y Richard me dijo que antes había sido marine estadounidense. No me dijo nada más que eso, aunque cuando la conversación regresó al tema de Gobi, él tenía algunas teorías interesantes sobre lo que le había sucedido.

—Nada de esto encaja —dijo él—. Incluso sin esas llamadas, me sigue pareciendo extraño. No creo que tenga nada que ver con que Nurali estuviera en los Estados Unidos o que su suegro la dejara escapar accidentalmente. Creo que en el momento en que la historia de Gobi se hizo viral y comenzó la recaudación de fondos, alguien detectó una oportunidad de ganar algo de dinero. De eso se trata, Dion: dinero. Esto es una extorsión, y la llamada llegará.

Yo no estaba tan seguro. Parte de mí no lo creía porque no podía imaginarme que nadie llegara a tales extremos solamente por un puñado de dólares; después estaba una parte de mí que no lo creyó porque no quería hacerlo. No podía soportar la idea de que Richard pudiera tener razón y que la supervivencia de Gobi dependiera de si algún idiota pensaba que podía sacarnos dinero suficiente para que todo eso valiera la pena. ¿Y si quien capturó a Gobi cambiaba de idea? ¿Y si se echaba atrás? ¿La devolvería a Nurali, o la trataría como cualquier otro experimento empresarial fallido y se desharía de ella todo lo rápido que pudiera?

Mi mensaje sonó con un mensaje de Lu Xin.

Mire esta foto. ¿Gobi?

Yo no estaba convencido. La calidad de la imagen era mala, pero lo que podía ver de los ojos no me parecía bien; además, el perro tenía una profunda cicatriz en la cabeza que Gobi no tenía durante la carrera.

Envié una respuesta rápida diciendo que no era Gobi, pero Richard no estaba tan seguro.

—¿No crees que deberíamos ir y echar un vistazo? —me dijo.

Yo estaba cansado, e intenté disuadirle.

—Amigo, nos han mandado casi treinta de esos mensajes, y siempre es lo mismo. Tardaremos hora y media en llegar al lugar, veremos al perro, charlaremos un poco, y después regresaremos. Se está haciendo tarde, y mañana tenemos que levantarnos temprano.

Richard volvió a mirar la fotografía.

—A mí se me parece un poco a Gobi.

Lu Xin envió otro mensaje treinta minutos después. Esta vez era una imagen de mejor calidad, y alguien había agrandado los ojos y la había pegado al lado de la foto de Gobi que aparecía en el cartel de la recompensa. Quizá ella y Richard tenían razón.

Richard estaba convencido cuando le entregué el teléfono.

—Tenemos que ir —dijo.

Entramos en una comunidad cerrada y estacionamos el vehículo entre un brillante Lexus y un par de BMW. Muchos de los autos tenían largos cordones rojos atados a uno de sus espejos laterales, una señal de que los autos no habían salido del concesionario hacía mucho tiempo. Los jardines muy bien cuidados y las amplias casas hablaban de riqueza. Sin ninguna duda, esa era una parte de Urumqi que yo no había visto.

Mientras seguíamos a Lu Xin, le dije a Richard que estábamos desperdiciando nuestro tiempo. Y cuando se abrió la puerta frontal de la residencia para dejar ver a cada persona del equipo de búsqueda, más otros diez o más desconocidos a los que yo nunca había visto, no pude evitar dar un suspiro. Cualquier esperanza que tuviera de irme de allí rápidamente y regresar a la cama quedó arrasada.

Debido a la multitud de personas que había yo no podía ver mucho, y el ruido también era intenso. Ni siquiera podía ver dónde estaba aquella perrita parecida a Gobi, pero cuando entré un poco más dentro de la habitación, un grupo de personas que allí estaban se apartó, y una mancha de color marrón arenoso salió disparada por la habitación y dio un salto a mis rodillas.

—¡Es ella! —grité, agarrándola y pensando por un momento que todo eso era un sueño. Ella enseguida comenzó a hacer ese mismo sonido de emoción, lloriqueo y alegría que hacía siempre que volvía a reunirme con ella después de estar separados un día en la carrera—. ¡Es Gobi! ¡Es ella!

Me senté en el sofá y miré bien a Gobi. No tenía la cabeza como yo la recordaba; tenía una cicatriz grande en ella, una marca tan ancha como mi dedo que le llegaba desde el ojo derecho hasta detrás de la oreja izquierda. Yo sabía que ella realmente no conocía cuál era su nombre, pero siempre que habíamos estado en la carrera o en el campamento, lo único que yo tenía que hacer era un pequeño sonido de chasquido y ella se acercaba enseguida. Por lo tanto, la puse en el piso, di un paso hasta el otro lado de la habitación, e hice un chasquido.

Ella estuvo a mi lado como si fuera un rayo. Sí que era ella. No tenía ninguna duda en mi mente. Ninguna duda en absoluto.

Los niveles de ruido en la habitación explotaron. La gente gritaba y la llamaba por su nombre, pero yo quería revisar a Gobi y asegurarme de que estaba bien. Encontré un sillón y volví a examinarla, recorriendo con mis manos su espalda y sus patas. Ella hizo un gesto cuando toqué su cadera derecha, obviamente por el dolor. Estaba bien para estar de pie, y podía engordar un poco, pero entre la cadera y la cicatriz que tenía, supe que tenía suerte de seguir con vida. Cualquier cosa que le hubiera sucedido, había sido toda una aventura.

Gobi se acurrucó en mi regazo como si fuera un cachorro recién nacido, y los demás se arremolinaron para tomar fotos. Yo entendía su emoción, y estaba muy agradecido por su ayuda, pero fue un momento que en realidad hubiera disfrutado en soledad. Bueno, solamente Gobi y yo.

La doctora se emocionó demasiado y quiso tomarse un selfie con Gobi. Ella la cargó y debió de haberle tocado la cadera, porque Gobi soltó un fuerte grito de dolor y saltó de sus brazos para regresar conmigo. Después de eso, no permití que nadie más se acercara demasiado. Gobi necesitaba cierta protección, incluso de las personas que la amaban.

Fue necesaria una hora para que se apaciguara la histeria y saliera a la luz la historia completa. Richard traducía mientras el Sr. Ma, el dueño de la casa, explicaba cómo la había encontrado.

Él había estado en un restaurante con su hijo más temprano en la tarde, y su hijo le había hablado sobre la muchacha a la que había visto esa tarde: la persona más nueva en el equipo de búsqueda, Malan. Ella había estado poniendo algunos carteles a los que había añadido mensajes manuscritos, rogando a las personas que no los tiraran porque era realmente triste que la perrita estuviera perdida y que un hombre hubiera hecho todo el recorrido desde el Reino Unido para encontrarla. Al hijo del Sr. Ma le parecía que ella había hecho algo realmente bondadoso.

Mientras regresaban caminando a su casa después de comer, vieron a un perrito acurrucado al lado de la carretera.

—Ese es el mismo perro, papá —dijo él—. Estoy seguro.

Hizo que su padre esperara mientras él regresaba corriendo un par de calles hasta donde habían pasado al lado de algunos de los carteles.

Se llevaron a la perrita hasta su casa, llamaron al número telefónico que había en el cartel, y enviaron una fotografía a Lu Xin. Cuando ella les dio mi mensaje de que no creía que fuera la misma perrita, fue el hijo del Sr. Ma quien escaneó el cartel, tomó una foto de mejor calidad, y dejó claro que los ojos se parecían mucho. Él estaba convencido aunque yo no lo estuviera.

—¿Y qué hacemos ahora? La llevamos al hotel, ¿no?

Richard tradujo. Entonces él y Lu Xin se dieron un apretón de manos.

—No te permitirán hacerlo. Ningún hotel en la ciudad permitirá tener un perro.

—¿De verdad? —dije asombrado—. Pero ¿después de todo esto? ¿Después de todo lo que ha sufrido?

—Tienen razón —dijo Richard—. Quizá puedas intentar hablar con el gerente y ver si te deja tenerlo, pero lo dudo. Yo me quedo en hoteles por todo lugar y nunca he visto un perro en ninguno.

Eran más de las once de la noche, y yo estaba demasiado cansado para discutir ya fuera con mis amigos o con un recepcionista de hotel.

—Deberíamos pedir al Sr. Ma que se la quede aquí esta noche —dijo Lu Xin—. Así ustedes pueden comprar todas las cosas que necesiten para ella, como una correa y un collar, comida, boles y una cama, y después recogerla mañana.

Ella tenía razón. Yo había pasado tanto tiempo pensando en que Gobi estaba perdida que ni siquiera había trazado un plan para lo que deberíamos hacer cuando finalmente la encontráramos. Yo estaba completamente mal preparado y me sentía mal ante la idea de decir adiós a Gobi y dirigirme de regreso al hotel; pero ellos tenían razón en que era la única opción sensata.

Miré a Gobi, acurrucada a mi lado en el sofá. Ella realizaba esa misma rutina de retorcerse y roncar que había hecho la primera noche que durmió a mi lado en el campamento.

—Lo siento, perrita —le dije—. Tengo mucho que aprender sobre ser tu papá, ¿cierto?

De nuevo en el hotel, llamé por teléfono a Lucja.

—¡Por fin la encontramos! —dije en el instante en que ella respondió. Ambos no dijimos mucho durante un rato; estábamos demasiado ocupados llorando.

PARTE 5

17

EL GERENTE DEL HOTEL ERA UN TIPO EXTRAÑO.

Yo había pasado tiempo suficiente conduciendo por la ciudad como para saber que el hotel era uno de los mejores en Urumqi. Él nos había permitido hacer uso de las salas de reuniones que había en el piso inferior para llevar a cabo numerosas entrevistas, y la historia aparecía en todas las televisiones nacionales; por lo tanto, estaba convencido de que si se lo pedía con amabilidad, él nos haría un favor. Pensaba que él pasaría por alto un par de normas, si tenía que hacerlo, y permitiría que Gobi se quedara en el hotel. Sin duda, ese tipo entendería que eso sería una oportunidad muy buena para el negocio.

—No —dijo él.

Su inglés era mejor que el de la mayoría de personas que yo había conocido, pero probé a repetir la petición con un poco más de lentitud esta vez.

—¿Puede quedarse la perrita en mi habitación? Es muy pequeña. Será una buena publicidad para ustedes.

—No —volvió a decir él. Entendía perfectamente lo que yo estaba pidiendo—. No permitimos que haya perros en el hotel —hizo una pausa por un instante y después volvió a hablar, con voz más baja—. Pero estaría dispuesto a ayudar.

En mi interior di unos aplausos de alegría. Aunque me costara unos cientos de dólares, sabía que valdría la pena mantener a salvo a Gobi.

—Quizá la perrita podría quedarse en una de las habitaciones que utilizamos para la formación del personal.

No sonaba ideal, pero no tenía muchas otras opciones.

—¿Puedo verla?

—Claro —dijo él—. Por aquí, por favor, Sr. Leonard.

En lugar de llevarme más dentro del hotel, salimos por la puerta frontal giratoria, pasamos al guardia de seguridad que llevaba puesta la vestimenta estándar con chaleco antibalas y rifle, cruzamos un estacionamiento, y atravesamos varias puertas que no parecían tener ningún cerrojo y que se movían con la brisa, como si fueran puertas abatibles de cantina en un viejo western.

Esa no fue la peor parte. La habitación en sí era un desastre.

No era tanto una instalación para formación, sino un vertedero. El lugar estaba lleno de botes de productos de limpieza y muebles rotos. La puerta no parecía que podía cerrarse. El gerente me vio mirarla e intentó cerrarla con el hombro todo lo bien que pudo, pero aun así había una brecha del tamaño de Gobi en la parte de abajo por donde ella podría escabullirse fácilmente.

—No puedo tenerla aquí —dije yo—. Se escaparía.

—¿Y? —preguntó él, dándose media vuelta y caminando de nuevo hasta el estacionamiento.

Como dije, era un tipo extraño.

Richard y yo ya habíamos salido a primera hora y habíamos comprado una selección de artículos básicos para Gobi en el destartalado mercado que estaba detrás del estacionamiento del hotel. No había mucho para elegir, pero nos las arreglamos para comprar una correa y un collar, un par de boles, y comida. Y mientras caminábamos, trazamos un plan para lo que haríamos si el gerente del hotel no aceptaba nuestra petición; y parecía que tendríamos que recurrir al plan B.

En casa del Sr. Ma, Gobi se emocionó tanto al verme esa mañana como lo había estado la noche anterior. Yo me sentí aliviado por eso, y también por ver que el Sr. Ma obviamente la había cuidado bien. En medio de todo el caos de la noche anterior, no me había olvidado de que Richard sospechaba que pudiera haber algo de juego sucio; pero cuanto más hablaba con el Sr. Ma y veía que él era un hombre normal y corriente que vestía como si fuera a ir al gimnasio pero que realmente no hacía nada, más confiaba en él. Y cuando me enteré de que él era comerciante de jade, eso me dejó tranquilo. Era obvio que él no necesitaba el dinero; no había ninguna extorsión de por medio.

Le dije al Sr. Ma que quería darle su recompensa en una cena especial que íbamos a realizar para el equipo de búsqueda la noche siguiente. Él estuvo de acuerdo en asistir pero insistió en que no quería el dinero de la recompensa. Cuando Richard, Lu Xin, Gobi y yo estábamos a punto de irnos, entró otro hombre en la casa. No lo conocía de antes, pero me resultaba familiar; era más bajo que yo, pero se veía fornido. Más fornido que yo, eso estaba claro.

—Soy el esposo de Nurali —dijo, dándome un apretón de manos con una sonrisa fingida y una fuerza que significaba que quería hacer negocios.

Recordé dónde lo había visto. Él era uno de los conductores en la carrera. Gobi estaba en el piso, y él se agachó para cargarla.

—Sí —dijo, y le dio una vuelta delante de él como si la perrita fuera un jarrón antiguo que estaba pensando comprar—. Esta es Gobi, sin duda.

Me la entregó de nuevo a mí.

—Hicimos todo lo que pudimos para mantenerla a salvo por usted, pero se escapó. Va a necesitar una buena valla cuando se la lleve a su casa.

Yo me retuve para no darle una respuesta sarcástica, mostré una media sonrisa, y lo observé acercarse al hijo del Sr. Ma para hablar con él.

—Vámonos —dijo Richard.

Nuestro plan para llevar a Gobi al hotel era sencillo. Íbamos a ponerla en una bolsa y entrar con ella. El problema era que, como en todos los hoteles y edificios públicos en Urumqi, la seguridad era algo más que un hombre con un chaleco antibalas y un AK47. Había una máquina de rayos-X y un detector de metales que había que atravesar.

Me correspondía a mí hacer alguna tontería para causar distracción. Tenía una bolsa sin cerrar llena de carteles y aperitivos que dejé caer al piso cuando estábamos cerca del escáner. Se armó un gran lío y yo me deshice en disculpas mientras iba por el piso arrodillado y recogiéndolos. Mientras tanto, Richard, con Gobi en silencio y dentro de una bolsa hecha de tela vaquera que se parecía un poco a un abrigo, atravesaron el detector de metales, esperando que él se acordara de quitarse cualquier cosa que hiciera sonar la alarma.

Cuando estaba otra vez en mi habitación, al fin llegó el momento de examinar a Gobi. La cicatriz que tenía en la cabeza contaba la historia de una fea herida, y me preguntaba si se la habría hecho otro perro o un ser humano. Era ancha, pero la costra estaba bien formada y no pensé que tuviera que preocuparme demasiado al respecto.

Su cadera, sin embargo, era un problema. Claramente sintió dolor cuando la doctora la había cargado torpemente la noche anterior, e incluso cuando yo hacía la menor presión, ella se retorcía. Pero el problema fue más obvio cuando la puse en el piso para que caminara. Ella apenas si podía aguantar presión sobre la cadera.

De nuevo me quedé preguntándome qué le habría sucedido.

Esa mañana había hablado con Kiki sobre lo que había que hacer a continuación. Sabíamos que Nurali no había comenzado con ninguno de los certificados médicos que Gobi necesitaba para poder subir a un avión, de modo que la prioridad principal era llevarla a un veterinario. Después de eso, sería cuestión de esperar a que fuera completada la documentación y el viaje a Beijing para obtener la autorización.

—¿Cuánto tiempo tomará todo eso? —pregunté.

—Quizá una semana, quizá un mes.

Sentí que regresaba un poco de la depresión de antes.

—¿Estás segura de que tenemos que volar? ¿Por qué no vamos en auto?

—Es un viaje de treinta horas, y ningún hotel te dejará entrar con ella. ¿Realmente querrías dejarla en el auto?

Yo no querría. Acordamos que ir en auto sería el plan de respaldo.

—Además —añadió ella—, tengo un contacto en una aerolínea que dice que podría conseguir meter a Gobi en el vuelo sin dejar ningún rastro de su presencia en el avión.

Durante el resto del día hice lo único que pude y cuidé de Gobi. Le di de comer cuando tenía hambre, dejé que se peleara con mis calcetines cuando estaba aburrida, y la camuflé en el elevador hasta el sótano del estacionamiento cuando tenía que hacer sus necesidades. Ella era un sueño de perrita; no ladraba en la habitación, y no le importaba ir metida en la bolsa cuando la sacaba de ella.

De un modo extraño, la experiencia me recordaba una vez en mis años de adolescencia cuando me sentí cerca de mi mamá. Yo estaba enfermo y necesitaba que me cuidaran, y durante un tiempo todo lo que era tóxico entre los dos se evaporó.

La enfermedad volvió a agudizarse cuando yo tenía trece años, tumbado en la alfombra en casa y esperando que el mayor evento televisivo de mi vida sucediera. La muchacha bonita y el muchacho popular en una telenovela australiana titulada *Neighbors* estaban a punto de casarse. Era lo único de lo que todos hablaban, incluso mayor que la victoria de Cliff Young en la carrera de Sídney a Melbourne. Yo estaba enamorado de Charlene, la muchacha bonita, y ocupé mi espacio en primera fila sobre la alfombra cuando comenzó a sonar la música de apertura.

Justo cuando Scott y Charlene estaban a punto de darse el «sí quiero», me desvanecí. Eso es todo lo que recuerdo.

Cuando me desperté, estaba en el hospital. Me sentía terriblemente mal, como si todo en mi interior hubiera sido reubicado de modo equivocado. Los médicos usaban palabras que yo no entendía, y no podía mantener adecuadamente ni un solo pensamiento. Tenía en mi interior un terrible sentimiento de náusea; durante horas tuve la sensación de estar a punto de explotar, hasta que al final me quedé dormido y me desperté doce horas después.

Había tenido un ataque de epilepsia, y mamá tuvo que explicarme qué era la epilepsia.

Tuve ataques unas cuantas veces más, y cada uno era seguido de un periodo de un día o dos en que me sentía muy mal. Tenía que quedarme en casa sin ir a la escuela, visitar a especialistas, y manejar la posibilidad de que ese visitante inesperado en mi vida pudiera regresar en cualquier momento, produciendo el caos con él.

Y entonces, menos de un año después de ese primer ataque, comencé a darme cuenta de que habían pasado meses desde mi último ataque. Las citas con el médico fueron cada vez menos frecuentes, y la vida regresó a la normalidad.

Lo extraño fue que casi extrañaba el tener epilepsia; no los ataques en sí, sino el modo en que hacían que las cosas fueran distintas con mi mamá. Con cada ataque, ella se suavizaba, mostraba un nuevo tipo de calidez. Las palabras duras desaparecieron, ella cocinaba mis platos favoritos, e incluso me daba abrazos. Al haber perdido a Garry del modo en que sucedió, verme a mí en medio de un ataque epiléptico debió de haber sido difícil para ella, pero lo único que recibí de su parte fue amor y cuidado. Esos eran tiempos preciosos. Finalmente, tenía otra vez a mi mamá; tristemente, eso no duró.

Así que intenté cuidar de Gobi del modo en que recordaba que mi mamá me había cuidado. Intenté soltar el estrés de las semanas anteriores y tan solo disfrutar del tiempo que pasaba con ella. Ayudó que los

Desde el momento que la llevé en esta posición para cruzar el río, a Gobi le ha encantado estar entre mis brazos.

Jamás olvidaré mi primer perro, Tilly. Cuando mi familia se mudó de Roma a Warwick, la tuvimos que dejar con un granjero.

Tenía cinco años en esta foto; esas piernas flacas me resultarían útiles algún día.

Me encantaba montar en bicicleta, pedalear tan rápido como me fuera posible, y también enseñé a Christie a montar.

Garry y yo cuando tenía ocho años —al año, las cosas ya nunca serían iguales.

Mis piernas flacas seguían estirándose,
y comencé a jugar críquet y *hockey*.

Mi abuela era mi última conexión a
una familia que me ofrecía cariño.

Deon Hansen era mi mejor
amigo de mi juventud.

Mi hermana y mi madre estuvieron
en mi boda con Lucja, en Italia.

Engullí toda el agua que pude durante esa carrera de 250 kilómetros en el desierto del Kalahari, 2013.

Sorprendentemente luzco una sonrisa, gracias a que Lucja está conmigo tras correr la carrera del Kalahari, 2013.

El primer día de la carrera a través del desierto del Kalahari (2014), estaba esforzándome por estar a la cabeza.

El sexto día fue otro maratón en la carrera del Kalahari, 2014.

Terminé con éxito la escala larga (de ochenta kilómetros) en seis horas y cincuenta minutos en la carrera del Kalahari, 2014.

Me refresqué un poco durante la carrera del desierto del Kalahari (2014) donde la temperatura se elevaba a los 49 °C.

Lucja y yo nos sentíamos mutuamente orgullosos de nuestro resultado en la carrera del desierto del Kalahari, 2014: ella terminó en segundo lugar en la categoría de mujeres, y yo terminé en segundo lugar en la de hombres.

Completé una carrera, sin parar, de cien kilómetros en el desierto de Gobi, 2016.

Urumqi estaba repleto de estos carteles ofreciendo una recompensa cuando Gobi se perdió.

¿Dónde iremos ahora? El equipo de búsqueda y yo decidíamos la siguiente zona de búsqueda para encontrar a Gobi.

¡Por fin la encontramos!, una de
las mejores noches de mi vida.

Ofrecí una cena de celebración para la
familia Ma y todos los voluntarios que
asistieron en la búsqueda de Gobi.

Richard y yo celebramos
la vuelta de Gobi.

Gobi y yo conocimos a Chris por primera
vez en Beijing. Chris fue instrumental en
la dirección del equipo de búsqueda y al
ofrecer consejo para encontrar a Gobi.

Gobi y yo haciendo un poco de turismo en las
afueras de Beijing en la Gran Muralla.

Gobi estaba un poco decaída tras la operación de cadera para remediar la herida sufrida en Urumqi.

Ese tiempo, justo después de la operación, resultó bastante difícil para ambos.

Mientras estábamos en Beijing, a menudo tenía que llevar una máscara por la contaminación.

Kiki es una persona maravillosa: hizo todo lo posible para ayudarnos a Gobi y a mí en Beijing y organizar los siguientes pasos para cumplir con los requisitos para la salida.

Una vez cumplidos todos los requisitos, Gobi y yo estábamos finalmente listos para salir de China y comenzar nuestro viaje al Reino Unido.

¡Es hora de volar! Gobi y yo empezamos la cuenta atrás, dejamos Beijing y nos dirigimos a Paris.

Aunque nos llevó más tiempo de lo que nos imaginamos, mantuve mi promesa de llevar a Gobi al Reino Unido y me sentía muy entusiasmado por nuestra llegada.

Relajándonos en Arthur´s Seat («El asiento de Arturo»), Gobi y yo no podíamos creer que ya estuviéramos en casa.

Lucja, Lara, Gobi y yo celebramos nuestro primer Año Nuevo chino juntos como familia.

Gobi y yo corrimos por primera vez juntos en territorio del Reino Unido en Edimburgo (Escocia), mi ciudad de residencia.

dos estábamos agotados, y pasamos gran parte de ese día dormitando juntos.

A la mañana siguiente tuve un problema. Gobi tenía toda la comida que necesitaba allí en la habitación, pero yo quería algo distinto a galletas para perros y carne enlatada para desayunar. Como Gobi estaba durmiendo, decidí escabullirme y bajar a la planta baja para comer algo.

Cerré la puerta tan silenciosamente como pude, colgué el letrero de No molestar en el pomo de la puerta, y recorrí el pasillo hasta el elevador. Mientras observaba que las puertas se cerraban delante de mí, me pregunté si oiría ladrar a un perro.

Estaba otra vez de regreso en mi piso en menos de quince minutos. Al salir del elevador, pasé al lado de un carrito de la limpieza, giré por la esquina, y vi de inmediato que la puerta de mi habitación estaba abierta. Salí corriendo. No había señal alguna de Gobi por ninguna parte, ni debajo de la cama, ni en el armario o detrás de las cortinas.

—¡Gobi! —gritaba yo, intentando evitar el pánico en mi voz.

Mi cerebro examinó posibles escenarios. El gerente del hotel debió de haberlo organizado para que se la llevaran. Corrí hasta la puerta y estaba a punto de regresar a los elevadores cuando noté que la puerta del cuarto de baño estaba cerrada. La abrí y allí estaba ella, sentada en la bañera con la cabeza inclinada inquisitivamente hacia un lado, observando a la limpiadora secar el lavabo. Gobi me miró por un instante, con un tipo de expresión que decía: «Hola, papá, ¿qué pasa?».

La limpiadora no parecía demasiado preocupada, y dijo algunas palabras mientras seguía trabajando. Yo hice lo único que se me ocurrió y saqué de mi cartera un billete de 100 yuanes, unos quince dólares. Le indiqué por señas que no dijera nada sobre Gobi. Ella asintió, se metió el dinero en el bolsillo, y siguió limpiando.

Quizá ella no se sorprendió al ver allí al perro, y quizá pensó que la propina era para que limpiara el baño extra bien. Yo no tenía modo de saberlo. Ella se quedó mucho tiempo, limpiando todo lo que estaba a la vista. Yo no quería estar fuera en la habitación porque la puerta que daba al pasillo estaba abierta, así que me quedé en el cuarto de baño intentando mantenerme alejado de la limpiadora y con Gobi en mi regazo. Cada vez que ella se movía para limpiar otra parte de la habitación, Gobi y yo teníamos que encontrar un lugar nuevo donde quedarnos.

—Gracias —decía yo cada vez que nos movíamos, esperando que ella captara el mensaje—. Adiós. Ya puede irse.

Ella no lo entendió ninguna de las veces; en cambio, solamente asentía con la cabeza, espantándonos a Gobi y a mí para que nos moviéramos desde el borde de la bañera al inodoro, o del inodoro hasta el rincón tras la puerta, mientras ella limpiaba.

A Gobi le parecía muy divertido. Saltaba con alegría, con su cola bateando el aire y sus ojos moviéndose a un lado y otro entre la limpiadora y yo.

Esta tiene que ser la escena más extraña vista jamás, pensé.

18

ACUÑÉ EL EDREDÓN Y LAS ALMOHADAS DE LA CAMA
contra la puerta, esperando que si Gobi hacía algún ruido no fuera
audible en el pasillo. No había modo en que yo saliera otra vez de la
habitación hasta que fuera absolutamente necesario.

Me pasé el resto de la mañana al teléfono. Estaba enviando mensajes a Richard, contándole el incidente con la limpiadora, y a Lu
Xin pidiéndole que buscara otras opciones alternativas de acomodo.
Hablé con Paul de Souza, agente literario y productor de cine en
California. Él había oído sobre la historia por primera vez por medio
de su hija, y me estaba ayudando a negociar un posible contrato
para un libro. Estaba sorprendido por las muchas editoriales que
me habían contactado, pero la sabiduría y el conocimiento de Paul
acerca de la industria eran insuperables. En medio de todo aquello,
estaba haciendo entrevistas por Skype con medios estadounidenses y
británicos.

Las entrevistas eran divertidas. Desde el comienzo de la petición
de crowd-funding yo sabía que las personas querían oír sobre la historia
porque parecía que se dirigía hacia un final feliz. Siempre que me entre-
vistaron mientras Gobi estaba perdida, yo batallaba para saber cómo
ajustarme a las nuevas preguntas: ¿Cómo se perdió? ¿Dónde creía yo

que estaba? ¿Me temía lo peor? No podía sentirme animado porque no tenía una historia feliz que compartir; y lo más importante, yo sabía que la desaparición de Gobi estaba rodeada de sospechas. Me habían convencido de que había sucedido algo extraño, aunque no estaba seguro exactamente de quién se la había llevado, pero decidí no revelar nada de eso a los entrevistadores. Yo no tenía pruebas, y aún era demasiado temprano para culpar a personas.

Por lo tanto, en la habitación del hotel con Gobi dormida en mi regazo, mientras hablaba con periodistas del *Washington Post* y de la CBS, veía las cosas con optimismo. Podía relajarme y sonreír, y decirles que finalmente iba a poder devolverle a Gobi su amor y determinación dándole un hogar permanente en Escocia.

A mitad de la mañana, Gobi se despertó y estaba desesperada por salir para hacer sus necesidades. Yo sabía que eso tendría que suceder en algún momento, pero seguía temiendo el momento cuando abrí la puerta y miré a un lado y a otro para comprobar que el camino estaba despejado.

Afortunadamente, teníamos el elevador para nosotros solos cuando bajamos hasta la planta baja. Gobi trotó hasta la misma zona de arbustos que estaba en la salida del estacionamiento, y yo le proporcioné cierta intimidad y miré a los alrededores.

No había mucho que ver, aparte de dos hombres con trajes oscuros que salían de los elevadores e iban caminando hasta un sedán gris estacionado cerca.

Me agradaba ver que Gobi se tomó la molestia de escarbar y tapar con tierra después de haber hecho sus necesidades, pero cuando terminó se habían abierto las puertas y había salido otro hombre a la planta baja. Esta vez era un guardia de seguridad.

Me costó otros quince dólares persuadirlo para que nos dejara pasar. Me preguntaba si iba a ser suficiente para mantenerlo en silencio a él o a la limpiadora.

Dos horas después descubrí la respuesta.

En el momento en que oyó que llamaban a la puerta, Gobi comenzó a ladrar. Por la mirilla pude ver a dos hombres, y reconocí a uno de ellos al instante: el esposo de Nurali.

Me quedé quieto. ¿Qué hacer? No podía fingir que no estaba dentro, pues Gobi ya se había ocupado de eso, pero ¿cómo me encontraron? Alguien del personal del hotel debió de haberles dicho en qué habitación estaba yo, pero ¿cómo subieron hasta mi piso? La única manera de hacer funcionar el elevador era pasando una llave de habitación válida. Si habían llegado a esos extremos, ¿qué querían de mí?

Envié un mensaje a Richard: *Ven a mi habitación inmediatamente.*

—Hola —dije cuando abrí la puerta, intentando mostrar una sonrisa y parecer relajado y tranquilo. El esposo de Nurali miraba fijamente sin inmutarse; su amigo, un tipo igualmente amenazador, que yo estaba seguro que podría haber agarrado a cualquiera en una pelea de borrachos en un pub australiano, intentaba pasar por mi lado a la habitación.

—¿Podemos entrar? —preguntó el esposo de Nurali.

Yo sabía que no tenía elección, así que musité «Bueno» y me aparté de la puerta abierta. ¿Dónde estaba Richard? No tenía ninguna duda de que aquello podría ponerse feo con bastante rapidez.

Cerré la puerta y me di la vuelta para verlos de pie al lado de Gobi, mirando hacia abajo. Ella no parecía demasiado preocupada por ellos, pero la escena de ellos allí de pie me aterraba. ¿Habían llegado para llevársela? ¿Por qué estaban allí?

Estaba a punto de acercarme y cargar a Gobi cuando llamaron otra vez a la puerta. Vi a Richard en el pasillo, así que abrí la puerta y di un suspiro de alivio.

—Hola, amigo, ¿qué necesitas?

—Um, sí, amigo —yo era terrible para fingir así, y estaba seguro de que el esposo de Nurali y su amigo pudieron notarlo; pero no me importó. Richard era un exmarine, y tenerlo en la habitación me hacía sentir mucho más seguro—. ¿No querías venir y agarrar algunos de los carteles para llevártelos de recuerdo?

Richard se quedó al lado de la puerta mientras yo cargué a Gobi y esperé a que hablara el esposo de Nurali. Contrariamente al día anterior cuando lo habíamos visto en casa del Sr. Ma, no se molestó en hacer cumplidos, sino que disparó muchas cosas en chino, y yo esperé la traducción.

—No digas nada malo de nosotros. Si lo haces, habrá consecuencias.

Yo no quería hacerme el tonto. Sabía exactamente a qué se refería, y también sabía que iría en contra de nuestros mejores intereses si las cosas se ponían feas.

—Lo único que quiero hacer es sacar de aquí a Gobi y regresara casa. No estoy interesado en tratar de descubrir cómo se escapó, ni me interesa intentar encontrar a alguien a quien culpar. Por lo que a mí respecta, fue solo un accidente, y todo está bien ahora. En el interés de todos está dejarlo así, ¿no es cierto?

El esposo de Nurali asintió con la cabeza. No había mucho más que decir.

Más avanzada la noche, después de haber llevado a Gobi abajo para otro rato para el lavabo que costó otros quince dólares, la observaba mientras se quedaba dormida, después salí de puntillas de la habitación, cerrando la puerta silenciosamente a mis espaldas. Volví a colgar el letrero de No molestar y esperé que cuando yo regresara un par de horas después, ella siguiera allí.

Era el momento de visitar el restaurante del hotel para la cena de agradecimiento. Yo sabía que tenía mucho por lo que estar agradecido, y durante las dos horas siguientes casi fui capaz de olvidar los acontecimientos del día.

El equipo de búsqueda había trabajado más duro de lo que yo podría haber esperado; habían empleado largas horas bajo un calor sofocante, habían caminado un kilómetro tras otro pegando miles de carteles; les habían gritado, ignorado y ridiculizado, y habían hecho todo eso por una perrita a la que no conocían. Su sacrificio, su aguante y su amor hicieron que se me saltaran las lágrimas, y me sentí honrado de poder ponerme de pie, hacer un brindis, y decirles a todos cuán profundamente agradecido estaba.

El Sr. Ma también estaba presente, con su esposa y su hijo. Le entregué el dinero de la recompensa, y aunque al principio protestó un poco y pareció ligeramente confuso, después de que yo insistiera unas cuantas veces aceptó al final los 1.500 dólares.

A mitad de la noche, me di cuenta de que aunque ya llevaba en Urumqi casi una semana y había pasado diez días en China cuando vine para la carrera, esa era la primera vez en que socializaba realmente con personas chinas. Muchos occidentales suponen que los chinos son personas serias, no dadas a actos de espontaneidad. Al mirar por el restaurante y verlo lleno de mis nuevos amigos chinos, todos ellos riendo, cantando, haciéndose selfies y bromeando, no vi a ninguno de ellos que encajara en ese estereotipo.

La doctora era la que más alto reía, Malan estaba en medio de la acción, y Mae-Lin, la peluquera, se había convertido en una tigresa total y hacía todo lo posible, aunque sin éxito, para seducir a Richard. Agarré a Lil y Lu Xin mirándolos, y nos reímos aún más fuerte.

—Recuerdo cuando oí por primera vez de Gobi —dijo Lu Xin.

—¿Cuando Chris le llamó? —pregunté yo.

—No. Cuando usted estaba en la carrera. No hay muchas historias en las noticias sobre perros, así que siempre que hay alguna historia, la sigo. Supe que Gobi era especial incluso entonces, pero nunca pensé que llegaría a conocerla.

—Usted hizo mucho más que tan solo llegar a conocerla, Lu Xin —le dije—. Sin usted, no la habríamos encontrado. Usted es la razón de que estemos celebrando esta noche.

Ella se sonrojó por el cumplido, pero yo dije cada palabra de todo corazón.

Ella levantó la mirada y señaló a la doctora, a Mae-Lin y a los demás.

—Antes de Gobi, intentábamos cuidar de perros callejeros, pero nadie nos escuchaba. Luchábamos pero no teníamos ni poder ni capacidad. Encontrar a Gobi ha cambiado todo eso, y nos ha dado voz. Usted ha ayudado a mostrar que es correcto que la gente cuide de los animales.

En realidad no quería irme, pero cuanto más avanzaba la noche más pensaba yo en Gobi. Esperaba que siguiera bien ella sola en la habitación del hotel, pero al final la preocupación pudo más que yo y volví a la habitación. Gobi estaba bien, e hice una breve entrevista con el *Times* de Londres antes de volver a bajar brevemente para encontrarme con Richard, que se iba temprano a la mañana siguiente.

Yo sabía que tenerlo a él también en la búsqueda iba a ser útil, pero no sabía lo mucho que iba a depender de él. No solo me ayudó a seguir adelante cuando yo estaba en mi momento más bajo, sino que también pensó en el plan para poder llevar a Gobi al hotel y me hizo algunos comentarios convincentes cuando yo pensaba que quizá se la habían llevado.

Por naturaleza soy un poco solitario; es algo no negociable para alguien que necesita acumular 160 kilómetros o más en carreras de entrenamiento cada semana. Pero la ironía es que algunas de las amistades más fuertes que he formado en mi vida han sido con personas junto a las que he competido en ultramaratones. Pasamos por un infierno solos en el recorrido cada día, pero el vínculo que se forma es poderosamente fuerte.

Cuando subí al avión hacia Urumqi, supuse que la búsqueda iba a ser como otro ultramaratón. Pensé que tendría que esforzarme mucho, y esperaba que otros hicieran lo mismo; pero al encontrar a Gobi, también encontré algunas lecciones valiosas para mí mismo.

Descubrí que trabajar realmente como equipo, en lugar de hacerlo como un grupo de individuos, ni se acercaba a ser tan malo como yo creía que sería. Descubrí que mis áreas de debilidad son cubiertas por las fortalezas de otras personas. No tuve que soportar todo el trabajo yo solo; realmente podía apoyarme en los demás, y ellos podían soportarlo. Ellos no me defraudaron, y yo tampoco les fallé a ellos.

19

CADA ESTACIÓN DE RADIO Y DE TELEVISIÓN CON LA
que había hablado mientras la búsqueda estaba en progreso quería una
entrevista de seguimiento después de encontrar a Gobi. En los días
inmediatamente siguientes al regreso de Gobi, di un total de cincuenta
entrevistas en persona, por teléfono o por Skype. Estar tan ocupado me
venía bien, pues apartaba de mi mente el temor que cada vez era más
fuerte en mi interior con cada hora que pasaba.

Lo que me tenía preocupado no era solo la visita del esposo de
Nurali o el encuentro con la limpiadora. En el bar del hotel después de mi entrevista con el *Times*, Richard había estado hablando
conmigo de sus teorías de conspiración, y toda esa noche mi mente
había estado llena de personajes sospechosos que acechaban entre las
sombras.

La lógica de Richard era ciertamente persuasiva. Él no creía que
Gobi se hubiera perdido, o al menos del modo en que Nurali lo había
descrito. Dijo que cuando la historia se hizo global por primera vez,
alguien habría pensado que podía sacarse algún dinero por la perrita.
Se quedaron con ella por tanto tiempo porque el interés seguía aumentando, y con él la oportunidad de obtener una recompensa aún mayor.
Pero mi llegada a Urumqi cambió las cosas; de repente, la prensa local

estaba en la historia, y entonces el gobierno comenzó a interesarse, con oficiales locales que se unieron al grupo en WeChat. Después de eso, toda la situación se volvió más arriesgada.

—Por eso Lu Xin recibía tantas llamadas diciendo que Gobi ya estaba muerta o que iban a matarla a menos que aumentara el dinero de la recompensa.

—Un momento —le dije yo—, ¿a qué te refieres con «tantas llamadas»? Creía que solo hubo una de esas llamadas; y nadie me dijo que estaban pidiendo más dinero.

—Sí —dijo Richard—, tuvieron cientos de esas llamadas, pero no querían preocuparte.

Yo no sabía qué pensar. Parte de mí estaba agradecido por ese cuidado, pues si yo hubiera conocido la historia completa, no podría haber hecho nada para ayudar y además me habría preocupado más. Pero no me gustaba la idea de haber sido estafado.

Estaba intentando comprender todo eso en mi mente, pero Richard no había terminado.

—¿Y no crees que es extraño que el hijo del Sr. Ma escaneara esa fotografía y enviara la comparación? Era como si estuvieran totalmente convencidos de que la perrita era Gobi. Sabían que era ella, y no iban a aceptar un no por respuesta.

—Entonces ¿crees que la familia Ma se la llevó?

—No. Ellos son solamente la cara aceptable del trato. Piénsalo, Dion. Si estás haciendo algo sospechoso y quieres convencer a un tipo normal y corriente como tú de que todo es legítimo, no vas a hacer la entrega desde la parte trasera de un camión en una ubicación desierta, ¿cierto? ¿Quién mejor al que utilizar como la cara visible que alguien sencillo y no amenazador como el Sr. Ma? Y en una ciudad con montañas y espacio abierto cerca, ¿cómo es que Gobi decide ocultarse en una carretera cerca de la comunidad cerrada más cara que hay durante kilómetros? Ella no está acostumbrada aún a la vida de clase alta, ¿no es cierto?

Entre una entrevista y otra a la mañana siguiente, envié un mensaje a Lu Xin para decirle que pensaba que sería mejor si Gobi y yo encontrábamos otro lugar donde quedarnos. Aparte de sentirme vulnerable en la habitación del hotel yo solo, el hecho de que no pudiera salir y entrar del hotel libremente con Gobi significaba que aún no la había llevado a un veterinario para que la examinara. Si la cadera era un problema, no me parecía justo que ella tuviera que esperar. Kiki aún seguía trabajando para llevar a Gobi a Beijing, y yo estaba cada vez más preocupado de que alguna otra persona intentara secuestrar a Gobi con la esperanza de recibir una alta recompensa. Y además, cada día que pasaba era otro día de espera hasta que ella por fin pudiera venir a casa.

Acababa de enviar el mensaje a Lu Xin cuando alguien llamó a la puerta. Gobi estaba profundamente dormida y no se inmutó, pero yo fui de puntillas por la alfombra, con mi corazón latiendo con fuerza y mi cabeza dando vueltas.

Cuando miré por la mirilla, casi esperaba ver al gerente del hotel al otro lado, o quizá a una limpiadora que había ignorado el letrero de No molestar. Esperaba que no fuera el esposo de Nurali.

No era ninguna de esas personas.

Eran dos hombres vestidos con trajes oscuros. Los reconocí al instante; eran los dos mismos hombres a los que había visto en la planta baja el día anterior.

Me aparté de la puerta, situándome contra la pared. Una escena de cine al azar cruzó por mi mente, en la que un asesino muy bien vestido disparaba al ocupante desprevenido por la mirilla. Intenté decirme a mí mismo que estaba siendo ridículo, y eché otra ojeada.

Seguían ahí, mirándome impasiblemente.

La puerta estaba cerrada con llave y cerrojo, y con la cadenilla de seguridad cerrada, que es como siempre lo hago cuando estoy en una habitación de hotel. Me preguntaba si debería abrirla y ver lo que querían. Quizá los había enviado el gobierno para asegurarse de que Gobi estaba segura, y si ese fuera el caso, no había ningún riesgo en tener una charla con ellos. Pero ¿y si estaban ahí para llevarse a Gobi, para echarnos del hotel, o para realizar algún tipo de venganza en nombre de quienquiera que se la hubiera llevado al principio? Si alguno de esos casos era correcto, entonces abrir la puerta era lo último que debería hacer.

Lo pensé y me aparté, manteniéndome cerca de la pared por si acaso mis pensamientos sobre tiradores y películas de Hollywood eran algún tipo de premonición. Me oculté tras la esquina de la pared que estaba al lado de la cama y esperé que Gobi siguiera durmiendo.

Llamaron otra vez.

No era un toque fuerte o enojado, pero hizo que mantuviera la respiración y me quedara inmóvil. ¿Qué haría si forzaran la puerta? ¿Fingiría que estaba dormido e intentaría convencerlos? ¿O lo intentaría y usaría el elemento sorpresa y saldría corriendo con Gobi bajo mi brazo dirigiéndome a la salida de emergencia?

Los segundos pasaban lentamente. No llamaron más, ni intentaron mover el pomo de la puerta para ver si estaba abierta. Después de cinco minutos volví a la puerta y miré por la mirilla, y no vi otra cosa, sino el pasillo vacío. Me esforcé por mirar de lado a lado para ver si podrían estar escondidos y agachados, fuera del ámbito de la vista, pero después de diez minutos me convencí de que se habían ido definitivamente. Quité con cuidado la ropa de cama que cubría la parte de abajo de la puerta y la abrí. Nada a la izquierda, nada a la derecha. Cerré rápidamente, y volví a echar la llave y el cerrojo.

Busqué mi teléfono y envié un mensaje a Lu Xin: ¡Por favor, sáquenos de aquí! Estoy realmente preocupado de que alguien vaya a agarrar a Gobi. No dormí en toda la noche, y estoy muy asustado por nuestra seguridad.

Quería meterme en un auto y conducir de regreso a Beijing esa tarde, pero entre Kiki, Chris y Lu Xin idearon otro plan. El contacto de Kiki dijo que podía obtener el permiso para que Gobi volara, y que lo único que necesitaríamos era que un veterinario realizara los exámenes médicos básicos. Cuando hiciéramos eso, podríamos estar en Beijing en cuatro o cinco días.

Lu Xin encontró un apartamento que yo podría rentar y me aseguró que no estaba cerca de la casa de Nurali ni del complejo donde vivía el Sr. Ma. Yo no quería correr ningún riesgo.

Así que a la mañana siguiente llevé a Gobi a la planta baja y se la entregué a Lu Xin: la única persona en toda Urumqi en quien tenía plena confianza. Yo estaba alerta, mirando a los autos estacionados en busca de un sedán gris con dos varones con trajes oscuros dentro. No lo vi, pero eso no fue de mucho consuelo.

Regresé rápidamente al vestíbulo del hotel, pagué la cuenta y me fui.

La ubicación del apartamento era tal como Lu Xin la describió. Yo no había estado antes en esa parte de la ciudad, y me agradó ver que las calles y las tiendas estaban bastante ocupadas para darnos a Gobi y a mí cierta cobertura, pero sin estar tan abarrotadas como para agobiarnos.

El apartamento en sí estaba limpio y era sencillo, y di un suspiro de alivio cuando le dije gracias y adiós a Lu Xin y cerré con llave la puerta cuando se fue.

Después de que Gobi hubiera olisqueado bien todo el lugar, se sentó delante de mí y levantó su vista hasta mis ojos, igual que lo había hecho la segunda mañana de la carrera. Era como si me estuviera diciendo que sabía que algo era diferente pero que estaba tranquila.

—Nos hemos metido en toda una aventura, ¿no crees, Gobi?

Ella me miró fijamente, olió rápidamente mis pies, y después trotó hasta el sofá, dio un salto, dio cuatro vueltas, y se acurrucó formando una pequeña bola de pelo color marrón arena.

Gobi no estaba tan contenta al día siguiente cuando la llevé al profesor de ciencias veterinarias en la Universidad de Urumqi. Kiki lo había organizado para que la examinara el mejor en la ciudad, y yo estaba emocionado. Por primera vez en toda aquella situación, Gobi y yo estábamos a punto de hacer un progreso real hacia nuestro regreso a casa.

Gobi no estuvo de acuerdo.

Desde el momento en que salimos del auto de Lu Xin y caminamos hasta la consulta del veterinario, Gobi estuvo nerviosa. Al principio se quedó detrás de mí; después, cuando entramos en la sala de exámenes, se plantó en el piso y se negaba a moverse.

Yo al principio me reí, pero cuando el veterinario la cargó y comenzó a examinarla, me pregunté si ella había sentido algo con respecto al lugar, o al veterinario mismo, que yo no había captado. Él era tan rudo e indiferente como cualquier veterinario que yo había visto en mi vida. Apretaba y apretaba, y no mostraba ninguna señal de que le gustaran los perros en lo más mínimo.

Me dijo que tenía la cadera desplazada y que necesitaba unos rayos-X para confirmar cuán malas eran las cosas.

—Manténganla quieta —les dijo a sus dos ayudantes mientras acercaba una máquina portátil.

Ellos se situaron a ambos lados de la mesa, entonces agarraron sus patas delanteras y traseras y tiraron hacia atrás. Gobi gritó, se le veía lo blanco de los ojos y tenía las orejas planas y hacia arriba. Estaba aterrada, y era obvio que tenía dolor. Yo intenté protestar, pero el veterinario me ignoró y siguió adelante con los rayos-X.

Gobi seguía temblando una hora después cuando la llevé de regreso al apartamento. Yo estaba enojado con el veterinario, en especial cuando me enseñó la radiografía que había tomado. Era obvio por qué cojeaba; mientras que su fémur izquierdo estaba ajustado en la cadera, su fémur derecho estaba desplazado de la articulación, como si hubiera sido torcido con gran fuerza. El veterinario no se había molestado en explicar qué podría haberlo causado, sino que me dijo que Gobi necesitaría cirugía para corregirlo. No me molestó preguntar si era una operación que él podía realizar. De ninguna manera iba a volver a tocar a Gobi.

Después de un corto sueño, Gobi estaba otra vez despierta y trotando. Me preguntaba, como había hecho cien veces ya, lo que le habría sucedido mientras yo estaba lejos. ¿Le había atropellado un auto, o fueron manos (o pies) humanos los que le hirieron? Solamente ella sabía la respuesta.

Estaba claro que ya no tenía miedo, y estaba lista para un poco de diversión. Al verla dar saltos manteniendo el peso sobre su pata derecha, como había hecho desde que la recuperé, me sorprendió otra vez. Debió de haber estado muy incómoda, y sin embargo decidió no quejarse ni permitir que eso estropeara su búsqueda de diversión.

Decidí recompensarla con un pequeño viaje al aire libre.

Era una tarde hermosa, y ella encontró algunos arbustos muy buenos que olisquear. Yo quería explorar la zona y ver dónde podría comer después, así que la agarré y la cargué cuando nos dirigimos hacia las tiendas.

A poca distancia, algunas muchachas de veintitantos años me detuvieron.

—¿Gobi? —preguntaron.

Les dije que era ella, y les permití tomar una fotografía de todos nosotros allí juntos. Gobi miraba directamente a la cámara como una profesional.

Un poco después, otra persona pidió una fotografía. No me importaba, mientras Gobi no se estresara, dejar que la gente armara por ella todo el revuelo que quisiera. Era estupendo sentir que éramos libres otra vez.

Pero cuando estábamos a seis metros del bloque de apartamentos, miré al otro lado de la carretera y lo vi: el sedán gris. Necesité un momento para asimilarlo, pero en cuanto vi la figura de dos hombres con trajes oscuros sentados delante, supe que los hombres del hotel me habían seguido.

Me di la vuelta y caminé hasta el apartamento. Pensé en dejar atrás mi bloque y tratar de despistarlos, pero eso era inútil. Debieron de haberme visto salir del edificio un rato antes; probablemente me habían estado observando todo el día, y quizá incluso me siguieron desde el hotel.

Mientras subía hasta el séptimo piso, el apartamento ya no me parecía tan seguro como antes. Tenía sospechas cuando el elevador se detuvo en el quinto piso y entró un hombre. Tampoco creía que podía confiar en la mujer que estaba batallando con el cerrojo de su puerta al otro lado del corredor. ¿Estaban todos metidos en ello? ¿O tan solo estaba imaginando cosas?

Mi teléfono sonó en cuanto entré en el apartamento, y el ruido me hizo sobresaltarme. Era Wendy, una periodista autónoma internacional que vivía en Hong Kong, pero necesité unos segundos para reconocer quién era.

—¿Estás bien? —me preguntó—. Suenas un poco extraño.

Le hablé de los hombres y del auto, y que todo eso me estaba poniendo histérico.

—Es por eso que te llamo —dijo Wendy—. No son solo los hombres en el auto. Tienes a algunos peces gordos observando esto, Dion.

—¿A qué te refieres?

—Solo eso; tienes que tener cuidado con lo que dices. He hablado con algunos colegas, y ellos han oído que hay algunos consejeros del gobierno local que están vigilando la historia y escuchando todo lo que dices. No tienen problema con lo que has hecho hasta ahora, pero si criticas al estado de alguna manera, pondrán fin a todo esto. Tienes que asegurarte de que cualquier cosa que digas sobre China se exprese de manera positiva.

—¿Has hablado de esto con gente? ¿Alguien te dijo eso? ¿Cómo es posible?

—No te preocupes por esto, Dion. Solo quería asegurarme de que entendieras el mensage.

—Entonces ¿crees que esos tipos con traje son del estado?

—Bueno, no están ahí para robar a Gobi, ¿no?

Yo lo pensé. Wendy tenía razón. Si su intención era arrebatarme a Gobi, podrían haberlo hecho en cualquier momento, y probablemente se habrían asegurado mejor de ocultarse de mí.

—¿Están aquí para mi protección?

—De cierta manera. Mientras hagas lo correcto, estarás bien. Tan solo no vuelvas a hablar con la CNN.

—¿La CNN? ¿Cómo sabes lo de la CNN? —Yo ya había hecho una entrevista con esa agencia de noticias y estaba en proceso de preparar una segunda.

—No hay buena relación entre la CNN y el Estado. Tan solo mantente alejado, ¿de acuerdo?

Terminó la llamada, y me senté en el piso lleno de asombro. Tenía la sensación de estar en una mala película de espías. No sabía si debía atrincherarme y rastrear el apartamento en busca de aparatos de escucha o meter a Gobi en una bolsa y bajar por la escalera de incendios. Por el modo en que hablaba Wendy, no era gran cosa, pero me resultaba difícil relajarme sabiendo que me estaban observando tan de cerca.

Envié un mensaje a la CNN explicando todo lo vagamente posible que pude que no podía hacer la entrevista. Después rechacé todas las demás peticiones de entrevistas que llegaban a mi bandeja de entrada de medios extranjeros, y le dije a Lu Xin que tampoco quería hablar con los medios chinos. Si había una oportunidad de que pudiera decir algo incorrecto y hacer que me expulsaran del país, y presumiblemente perder para siempre a Gobi, quería eliminar por completo ese riesgo.

Le pedí a Wendy si me podría ayudar a descubrir quiénes eran exactamente los tipos de los trajes. Sabía que era ridículo preguntar, pero tenía que saberlo no por mi propia seguridad, sino por la de Gobi. Si había una posibilidad de que terminara forzado a subir al siguiente avión que hubiera de regreso a mi país, necesitaba tener algún lugar donde llevarla.

Pasé el resto del día en el apartamento. El sol se puso y la habitación se llenó de sombras y de luz de farolas, pero no encendí ninguna de las luces, pues me sentía más seguro de ese modo.

Recorrí posibles escenarios, y ninguno de ellos me hizo sentirme más calmado. Si regresaba el esposo de Nurali, no tenía idea de cómo llamar a la policía; y si los tipos de los trajes decidían agarrarme, entonces no tenía otra opción, sino ceder y esperar que Lu Xin cuidara bien de Gobi.

Estaba indefenso. Aunque lo único que había cambiado del equipo era que Richard se había ido, de repente volví a sentirme solo. Volví a ser aquel sobre cuyos hombros descansaba todo y, por una vez en mi vida, no me gustaba; parecía demasiado para poder sobrellevarlo.

20

EN CIERTO MOMENTO EN CASI TODAS LAS CARRERAS
me cuestiono por qué estoy corriendo en ella. A veces es durante esos
primeros kilómetros en que tengo frío, estoy cansado y sencillamente
malhumorado porque alguien en la carpa no me dejó dormir por sus
ronquidos; otras veces es cuando mi mente se aleja hasta la línea de meta
que está a siete u ocho horas de distancia, y otras es cuando necesito
tomar más agua o chupar otra pastilla salada.

Pero por cada vez que me pregunto si vale la pena correr una carrera
con toda esa incomodidad, estrés o temor, llega un momento en que sé
que la respuesta es sí. A veces, lo único necesario es recorrer algunos
kilómetros más y dejar que mi cuerpo se aclimate a la carrera; otras
veces necesito bloquear pensamientos que no son útiles, y otras necesito
tragarme una pastilla salada. En cada situación, la solución es mucho
más sencilla que el problema.

La noche antes de que Gobi y yo por fin saliéramos de Urumqi,
pensé en mí y sonreí. Aunque dos días antes no conocía a ninguno
de ellos, estaba rodeado de amigos. A medida que las risas eran más
sonoras y avanzaba la tarde, supe cuán agradecido estaba por la manera
tan sencilla en que llegaron sus amistades precisamente en el momento
correcto.

Esas amistades habían comenzado a formarse tras mi segunda noche en el apartamento. Pasé la mayor parte de la mañana sentado por allí con Gobi, esperando que la puerta no se abriera de repente y alguien entrara apresuradamente para llevarse a ninguno de los dos. Más tarde Gobi tenía que salir para hacer sus necesidades, y dejamos el apartamento. Mientras yo esperaba al lado de su arbusto favorito cerca de la entrada, observaba a las personas que entraban y salían de un restaurante cercano. Un hombre se ocupaba de una barbacoa fuera, y los aromas que provenían de allí eran increíbles; por lo tanto, porque ya casi me había hartado de los fideos chinos instantáneos en un recipiente de plástico en el apartamento, decidí llevar a Gobi al apartamento, asegurarme de que estuviera cómoda y después volver a bajar y comer rápidamente.

Esa fue una de las mejores decisiones que he tomado jamás. Había comido barbacoa Xinjiang el último día de la carrera, pero esta era aún mejor. Quien servía me trajo porciones estupendas de carne de carnero especiada en largas brochetas de metal. Chupé la grasa de mis dedos, me recliné en la silla y suspiré.

Levanté la vista y noté que había un par de personas en la calle que me miraban fijamente, sonriendo de oreja a oreja. Yo les sonreí y después saludé con la mano, mostré con mímica lo lleno que estaba, y ellos se rieron. Fue un momento divertido, y poco después se acercaron acompañados de otra decena de personas. Todos ellos eran de mi edad o un poco más jóvenes, y se presentaron, dijeron algo sobre Gobi, y me invitaron a comer y beber con ellos.

Conocían al personal del restaurante, y mientras intentábamos comunicarnos en inglés entrecortado y con apps de traducción en nuestros teléfonos, me sirvieron unos fideos chinos muy especiados, pusieron en mi mano una copita de un líquido claro, y me invitaron a brindar con ellos. Fuera lo que fuese, perdí la voz por unos instantes después de tragarlo. Siguieron muchas más risas, y la noche terminó conmigo tropezando con el umbral de la puerta al salir, lleno de comida estupenda, demasiados tragos, y el sonido de las risas de nuevos amigos en mis oídos.

La noche siguiente era la última que pasaría en Urumqi. Kiki había hecho maravillas y había organizado que Gobi y yo voláramos hasta Beijing al día siguiente; incluso había volado hasta Urumqi ella misma para asegurarse de que todo fuera bien. Ella sabía que era muy importante, y también conocía los riesgos que enfrentábamos. Cuando Gobi estuvo lista y yo había empacado lo poco que llevaba conmigo, caminé de nuevo hasta el restaurante esperando encontrarme otra vez con mis nuevos amigos.

Pasamos otra noche estupenda. Un par de tragos hicieron despegar las cosas y, antes de que pudiera darme cuenta, la mesa estaba llena de brochetas y fideos chinos y, al final, la estructura de hierro fundido más asombrosa, como la forma de una pantalla pero con pinchos de una pulgada que sobresalían, cubierta de cordero de un sabor maravilloso. Nos reímos por cosas que ni siquiera puedo recordar, hablamos sobre nada importante, y cuando llegó el momento de pagar la factura, ellos insistieron en que me guardara mi dinero.

—¿Bebe té? —dijo el que conocía algunas palabras en inglés.

A mí me gusta más el café, pero casi dos décadas viviendo entre los ingleses me han enseñado a decir sí cada vez que alguien ofrece té; no porque ha llegado a gustarme el té, sino porque sé que la oferta es en realidad una invitación a estar juntos.

Por lo tanto, dije sí y los seguí a todos ellos mientras subieron por la carretera y pasaron por una puerta baja de madera separada de la calle. Yo había supuesto que íbamos a una de sus casas, pero una vez dentro era obvio que aquello no era ninguna casa. Se parecía más a una joyería de lujo, solo que en vez de expositores llenos de anillos y collares, había armarios con puertas de cristal que contenían cajas de metal tan grandes como una pizza y cuatro veces más profundas.

—¡Vendo té! —dijo mi nuevo amigo. Entonces, guiándome hasta una mesa de madera de caoba que tenía casi el mismo tamaño que la habitación, dijo: —¡Siéntate!

Yo observaba mientras él se sentó en una silla enfrente de mí y ordenó delante de él varias teteras color tierra y delicados boles, un cuchillo con mango de madera y un conjunto de tapetes. La habitación se quedó en silencio, y todos observaban mientras sus manos se deslizaban por sus herramientas, abriendo primero una de las cajas de metal y después sacando un poco de té del disco interior. Puso agua en los boles y los revolvió con toda la precisión y gracia de un mago en una mesa de cartas. Y cuando unos minutos después me sirvió una taza de té color ámbar y me invitó a beber, pensé que nunca antes había probado algo tan maravilloso.

Siguieron más tazas de té, todas ellas preparadas y bebidas con un silencio casi total. La experiencia no fue incómoda ni extraña; fue especial Yo nunca antes había conocido nada parecido.

Gradualmente regresaron la charla y las risas. Pasaron tus teléfonos celulares y me enseñaron fotos de ellos bailando en un apartamento celebrando uno de sus cumpleaños. Me enseñaron otras fotos de ellos haciendo tonterías en un parque y de vestirse elegantes para una noche. Eran divertidos, y estar con ellos me recordaba el modo en que el equipo de búsqueda sabía como reír al estar juntos. Nadie intentaba ser popular, y nadie intentaba excluir a otras personas del grupo.

Ese tipo de ambiente era exactamente lo opuesto a lo que yo había experimentado cuando era adolescente en Warwick. Fuera el té o la compañía, o el hecho de que finalmente, después de tanto tiempo, estaba a punto de hacer que Gobi diera un paso gigantesco hacia estar más cerca de casa, comencé a tener un profundo sentimiento de paz acerca de todo.

Al final llegó el momento de la despedida. Nos abrazamos unos a otros delante de la tienda, y yo regresé a mi apartamento caminando y llevando dos bolsas de té muy bien presentadas que ellos me habían regalado. Al ir en el elevador, me di cuenta de que ellos habían vuelto a pagar en el restaurante. Nunca me habían pedido que les enseñara a

Gobi, aunque cuando les mostré el grupo de WeChat y algunas de las noticias sobre ella, se les iluminó la mirada. Ellos no querían nada de mí; tan solo ofrecían amistad pero sin condiciones.

Estaba nervioso por decir adiós a Gobi en el mostrador de facturación del aeropuerto, pero Kiki había dejado claro que no había manera alguna de que ella pudiera volar conmigo en la cabina. «Cuídate ahí abajo», dije al otro lado de las barras de la jaula para perros que habíamos comprado. Gobi tenía allí dentro una vieja camiseta mía, y un almohadón que era puro lujo. Aun así, yo podía sentir que ella sabía que estaba sucediendo algo extraño.

Durante el vuelo de casi tres horas, fui sentado en la cabina muy preocupado por Gobi. ¿Podía confiar en que realmente la hubieran subido al avión? Ya habían ido mal suficientes cosas para hacerme sentir nervioso por esa posibilidad; después estaba la experiencia de ir en la bodega. Yo sabía que ella soportaría el frío, pues lo que hizo en las montañas Tian Shan demostró que era una perrita fuerte y resistente, pero ¿cómo se las arreglaría con todos esos sonidos extraños? La última vez que estuvo encerrada fue cuando estaba con Nurali. Si la cicatriz que tenía en la cabeza y el problema en su cadera se habían originado allí, no podía imaginarme cuán estresante podría resultarle la experiencia de estar encerrada otra vez.

Yo suponía que Gobi iba a tomarse el vuelo con calma y esperaría pacientemente cerca de la cinta de equipajes. Cuando finalmente me entregaron la jaula, el sentimiento de alivio que tuve fue mucho mayor del que había imaginado, pero no duró mucho tiempo. Una mirada, y supe que Gobi había luchado en el vuelo: había mordido su correa, había aplastado la botella de agua, y parecía que había luchado diez asaltos con un boxeador. Era obvio que había pasado el viaje sintiéndose petrificada, y verla en ese estado me hizo darme cuenta de que llevarla hasta el Reino Unido iba a ser muy estresante para ese cachorro.

Kiki nos llevó directamente a su perrera y trazó el plan en el camino. Cuando Gobi hubiera pasado treinta días en las instalaciones de Kiki, le permitirían volar a Inglaterra donde pasaría cuatro meses en cuarentena. No me gustaba la idea de que Gobi pasara tanto tiempo alejada de mí, pero era la mejor opción con mucha diferencia. Yo tenía algunos compromisos de trabajo a los que tenía que regresar, y Kiki prometió enviar muchas fotos y videos de nuestra pequeña perrita, manteniéndome constantemente al día de todo. Claramente, Kiki amaba a los animales, y pareció forjar un vínculo instantáneo con Gobi. El sentimiento fue mutuo, y supe que las dos se darían muchos arrumacos y besos en el mes que estarían juntas.

Aun así, despedirme de Gobi a la mañana siguiente fue mucho más difícil de lo que había anticipado. Después de todo lo que habíamos pasado, especialmente en el hotel, sabía que ella confiaba totalmente en mí. Yo la había dejado sola en el hotel o en el apartamento, pero nunca más de una o dos horas. Ella siempre me había saludado con una inmensa muestra de afecto y de emoción cuando regresaba; pero ¿qué pensaría cuando se diera cuenta de que yo no regresaba en un tiempo? ¿Cómo sería cuando finalmente volviera a verla, un mes después, y sin embargo la dejara otra vez en un lugar que no le resultaba familiar y estaba lleno de otros animales? Temía que eso pudiera herirle mucho más profundamente que lo que le hubiera herido en la cabeza o en la cadera.

Había dejado de hablar con periodistas y productores de televisión casi en cuanto llegué al apartamento, pero eso no significaba que hubiera dejado de hablar con otras personas sobre cómo podía ayudar la historia de Gobi a despertar conciencia de la importancia de cuidar a los perros abandonados. Al igual que ayudarnos a encontrar a un editor estupendo con quien trabajar, Paul de Souza también nos había presentado a Jay Kramer, un abogado que representaba a algunos de los mayores escritores del mundo. Jay sabía exactamente lo que hacía, y nos estaba ayudando a pensar en algunas de las otras maneras que había para compartir la historia de Gobi.

Jay y yo habíamos estado hablando durante una semana aproximadamente. Cuando me llamó esa tarde, supuse que quería ponerme al día sobre sus últimas conversaciones con colaboradores, pero en cambio él tenía algunas noticias inesperadas, y nada bienvenidas.

—¿Estás haciendo planes para algún tipo de sitio web?

—No —le contesté. Lo había pensado vagamente, pero no había hecho nada al respecto—. ¿Por qué?

—Alguien acaba de registrar al menos dos dominios que se relacionan con Gobi. También han registrado la marca.

Me quedé pasmado cuando Jay me dijo quién había sido, y supe que conocía a las personas que eran responsables de eso. Al instante me sentí enfermo e incómodo, como cuando ayudé a Tommy aquel día. Estaba luchando para procesar esa nueva información, y lo único en que podía pensar era: «¿Por qué?».

—Quien lo haya hecho está intentando cobrar. Saben que Gobi ha sido encontrada y que va a regresar a casa, así que la historia está a punto de ser más grande aún.

—Pero ninguna otra persona se ha interesado nunca por Gobi. No tiene dueño.

—Aún no, no lo tiene.

Mis temores eran tan profundos como si estuviera en una pesadilla aterradora. Pensé que habíamos dejado todo el peligro a nuestras espaldas en Urumqi, pero ¿seguía estando en riesgo Gobi? Si alguien estaba tramando un plan para reclamar a Gobi en la Internet, ¿no tendría sentido que intentara apropiarse de Gobi en la carne? Si tenía a la perrita, podría controlar la historia.

¿Era esa la razón de que el esposo de Nurali hubiera ido a mi habitación del hotel? ¿Estaba allí para llevarse a Gobi pero se echó atrás cuando vio a Richard entrar en la habitación?

¿Y qué de los hombres con los trajes y el sedán gris? Yo siempre había creído que eran del gobierno, pero ¿era posible que realmente se estuvieran reportando a alguien totalmente distinto?

Esos pensamientos seguían conmigo como si fueran la picadura de un mosquito. No podía dejar de volver a ellos mucho después de que terminara mi conversación con Jay. Cuanta más atención les prestaba, más grandes y dolorosos se volvían esos temores.

Me pasé todo el vuelo de regreso a casa con esos mismos pensamientos. Pasaban por mi mente imágenes de Gobi siendo robada de la perrera de Kiki. Teorías de conspiración sobre lo que podría suceder lanzaban profundas sombras sobre mí; y un deseo desesperado de asegurarme de que Gobi estaba bien dejaba un hueco en mi interior.

Añadido a todo eso, pensaba en el trabajo.

Había estado lejos de mi trabajo durante casi dos semanas, y me preocupaba estar forzando los límites de la generosidad de la empresa. Todos me habían apoyado en ese tiempo y nunca hubo ninguna presión para que regresara de Urumqi, pero yo sabía que mis colegas estaban trabajando muy duro para cubrir mi carga de trabajo en mi ausencia. No quería abusar de su bondad ni aprovecharme de ella.

Pero sabía que, una vez más, tenía que tomar una decisión.

Podía seguir con el plan y dejar a Gobi bajo el cuidado de Kiki durante los veintinueve días siguientes mientras esperábamos la confirmación de su análisis de sangre de la rabia. Yo podía seguir con mi trabajo, volver a pasar tiempo de calidad con Lucja y esperar a que Gobi volara al Reino Unido, donde pasaría entonces cuatro meses en una perrera segura bajo cuarentena. Podríamos visitarla si queríamos, pero no se recomendaba porque la confusión que eso causaba a los perros era frecuentemente traumática; por lo tanto, si pasaba la cuarentena en el Reino Unido, tendría que hacerlo sola.

La otra opción era que Gobi esperara los veintinueve días de espera para la rabia y después pasara noventa días viviendo una vida normal en Beijing en lugar de cuatro meses encerrada en unas instalaciones en el

Reino Unido. Con los análisis correctos y los documentos al final de los noventa días, entonces podría volar al Reino Unido sin tener que poner sus patas en unas instalaciones en cuarentena.

Sabía que podía confiar en Kiki. Ella había sido estupenda desde los primeros correos electrónicos que nos intercambiamos, pero ¿era justo dejarle la carga de cuidar por tanto tiempo de una perrita y que, solo quizá, alguien estuviera planeando robársela? ¿Podía yo estar seguro de que cada visitante de la perrera sería legítimo? ¿Se podía pedir a Kiki que mantuviera ese nivel de vigilancia y que al mismo tiempo siguiera dirigiendo su negocio?

Me sentía culpable por dejar a Gobi, y si le sucedía algo otra vez como después de la primera vez que le dije adiós, dudaba de que pudiera tener la fuerza para recuperarme. Había llegado al límite de lo que pensaba que podía soportar; lo único que quería era que esos problemas se desvanecieran, que se detuvieran las amenazas, y que Lucja y yo pudiéramos regresar a la tarea de llevar a casa a Gobi.

Por lo tanto, supe exactamente qué hacer. Tras horas de pensarlo en mi último vuelo de regreso al Reino Unido, se me ocurrió un plan, la única solución que tenía algún sentido.

El problema era que no tenía la más mínima idea de cómo iba a explicárselo a Lucja o a mi jefe. Ellos pensarían que me había vuelto totalmente loco.

PARTE 6

21

DECIR ADIÓS A LUCJA FUE DIFÍCIL. HABÍA ESTADO EN casa solamente una semana cuando, por segunda vez en menos de un mes, compré un billete de avión de último minuto e hice el viaje de doce horas de regreso a China. He viajado mucho por trabajo a lo largo de los años, pero esta vez era diferente; esta vez estaría lejos durante cuatro meses.

Lo había pensado bien, y tenía todo el sentido. Necesitaba regresar a Beijing y estar con Gobi hasta que llegaran los resultados de los análisis de la rabia. Después de eso, pensé que bien podría quedarme los tres meses siguientes para que pudiéramos vivir juntos. La alternativa de pasar cuatro meses ella sola en cuarentena fuera del aeropuerto de Heathrow sencillamente no era una opción. No podía volver a dejarla sola. Una condena de 120 días la convertiría en una perrita distinta.

Al igual que Lucja, mis jefes fueron muy comprensivos y me apoyaron. En cuanto regresé de Beijing, los llamé por teléfono y les dije que estaba preocupado por Gobi, aunque al fin la habíamos encontrado. Mencioné que había cosas misteriosas que sucedían entre bambalinas y que tenía que volver a China para pasar el tiempo de la cuarentena con Gobi. Me ofrecí a dimitir, pero ellos no lo aceptaron; en cambio, enseguida aprobaron que tuviera seis meses de excedencia. Eso me permitía salir de Reino Unido sabiendo que podía centrarme totalmente en Gobi y tener un empleo al que regresar cuando las cosas se arreglaran. En los once años que he estado trabajando para ellos, nunca he sabido de nadie que se tome una excedencia por algo como eso, y quedé asombrado por su bondad.

Se dice que se necesita un pueblo para criar a un niño. Yo creo que se necesita casi medio planeta para rescatar a un perro; al menos, eso es lo que parecía con Gobi. Habían ayudado muchas personas, desde los miles de seguidores que habían dado dinero hasta el equipo de búsqueda que había pateado las calles y se había quedado sin dormir en Urumqi. Mis colegas de trabajo habían cubierto mi puesto por mí, y mis jefes me habían otorgado tiempo generosamente. Kiki y su equipo ya habían hecho mucho más de lo que yo pudiera haber pedido, y Lucja, que también estuvo rodeada de un ejército de amigos que se interesaban y apoyaban, ni una sola vez vaciló en su apoyo firme y determinado de mi loca misión. Solamente pude hacer lo que hice debido a la ayuda de todas esas personas.

Yo esperaba llegar de nuevo a Beijing y volver a ver a Gobi. Sabía que Kiki la cuidaría muy bien, pero en mi mente estaba el pensamiento de que era posible cualquier cosa. A veces parecía como si cada mensaje que recibía en Facebook fuera otra advertencia de no confiar en nadie y no dejar que Gobi se alejara de mi vista.

Kiki me recogió en el aeropuerto. Me subí a la parte trasera de la camioneta y enseguida tenía mi cara cubierta de besos perrunos cuando Gobi jugueteaba encima de mí, con su rabo moviéndose a un millón de kilómetros por hora. Mi bienvenida fue como la noche en que nos reunimos de nuevo en la casa de la familia Ma. La alegría de Gobi era contagiosa, y pronto la camioneta se llenó de lágrimas y de risas.

Cuando ella al fin se calmó lo suficiente para que yo pudiera hablar, la sostuve en el recodo de mi brazo y dije: «Supongo que es aquí donde tú y yo comenzamos nuestra nueva vida juntos». Ella me miró fijamente, con esos ojos grandes sin apartarse de los míos, al igual que había sido durante la carrera. Mi cabeza me decía que ella no podía entender lo que yo estaba diciendo, pero mi corazón me decía lo contrario. Esa perrita sabía exactamente lo que yo quería decir; y estaba convencido de que, a su propia manera, ella me estaba diciendo que, en cualquier cosa que nos tuviera preparada la siguiente etapa de la aventura, ella echaría el resto.

Kiki nos había encontrado un lugar para quedarnos la primera noche, pero al día siguiente sería el momento de encontrar un hogar apropiado para Gobi y para mí. Con cuatro meses de espera hasta que ella pasara los estrictos requisitos que pedía el Reino Unido, quería asegurarme de encontrar un hogar donde ella se sintiera cómoda y segura.

Por lo tanto, como un par de colegas recién graduados que se mudan a una nueva ciudad, salimos a buscar un hogar.

El primer lugar pertenecía a otro dueño de mascotas, que era también uno de los clientes de Kiki. El hombre iba a trasladar temporalmente a su familia a México y se había ofrecido generosamente a dejarnos vivir allí gratis mientras estuviéramos en Beijing.

Era una hermosa casa en una comunidad cercada. Autos de lujo pasaban por calles inmaculadas y estacionaban delante de patios perfectamente cuidados. El dueño y sus dos perros nos recibieron con calidez, y me agradó ver a Gobi trotar y olisquear cariñosamente a los labradores y seguirlos por la sala de estar.

—Permítame enseñarle el resto de la casa —dijo el dueño mientras pasaba por encima de una barrera de madera bajita que estaba en lo alto de la escalera.

Instintivamente cargué a Gobi y la elevé por encima de la barrera.

—Ah —dijo él—, los perros no suben al piso superior. Se quedan aquí.

Oh, vaya, pensé.

—Muy bien —dije yo volviendo a poner a Gobi al otro lado de la barrera.

Antes de haber dado mi segundo paso, Gobi estaba lloriqueando; cuando estaba a mitad de camino, ella se había abierto paso atravesando la barrera y estaba a mi lado. Yo la cargué y seguí al hombre hasta una inmaculada zona de salón que parecía preparada para una sesión de fotografías para la revista *Vogue*.

Gobi se esforzaba por bajarse, y movía el rabo rápidamente.

—No creo que esto vaya a funcionar —dije yo—. Usted tiene una casa muy bonita. Si nos quedamos aquí, terminará en lágrimas.

El hombre sonrió.

—Creo que probablemente tiene razón.

Habían pasado solamente dos meses desde que conocí por primera vez a Gobi, y aunque habíamos estado juntos tan solo unos pocos días de la carrera y la semana en Urumqi, el vínculo entre nosotros era fuerte. Ahora que nos habíamos reencontrado por segunda vez, ella parecía decidida a no dejar que me apartara de su vista.

El apartamento que vimos después era todo lo que no era la casa anterior: era pequeño, un poco destartalado, y casi no tenía muebles. Era perfecto.

En particular me gustaba el hecho de que estaba en un undécimo piso. Aunque tenía mis dudas sobre si Gobi realmente se escapó de la casa de Nurali, no quería correr ningún riesgo; después de todo, Gobi solo había necesitado unos segundos para atravesar la barrera para perros que mantenía fuera a los labradores. Si ella encontraba un modo de salir por la puerta del apartamento, seguramente no podría acceder al elevador.

El equipo de Kiki nos llevó al equivalente del supermercado Walmart, WuMart, y regresamos al apartamento con todas las cosas esenciales para los cuatro meses siguientes: ropa de cama, un tostador, una escobilla para el inodoro y una caja gigantesca de comida para perros.

No creo que olvide nunca el momento en que dije adiós a quienes nos ayudaban y cerré la puerta cuando se fueron. Tomé un momento para mirar a Gobi, que me miraba fijamente como hacía siempre en momentos como esos.

—¡Por fin! —dije—. Solo tú y yo.

Estaba emocionado pero también bastante desalentado, pues conocía lo bastante sobre China para saber que estaba indefenso. No sabía hablar más de cuatro palabras, y no sabía leer ni un solo símbolo de la escritura.

Si era posible, la mirada de Gobi era más profunda aún. Inclinó su cabeza hacia un lado, trotó al interior del apartamento, dio un salto y se subió al sofá, se acurrucó formando una bola, dio dos fuertes suspiros y cerró los ojos.

—Es justo —dije sentándome a su lado—. Si tú no estás estresada, supongo que yo tampoco lo estaré.

Durante los días siguientes llegué a conocer a Gobi mucho mejor. Sabía por la carrera y por el tiempo que pasamos en Urumqi que le gustaba dormir junto a mí, usarme como su almohada, pero en Beijing llevó a un nivel totalmente nuevo el ser afectuosa y táctil.

En cuanto salí de la ducha la mañana siguiente, ella estaba lamiendo mis pies y mis espinillas como si estuvieran cubiertas de beicon. Yo me reí y dejé que lo hiciera. Era un cambio grande del modo en que intenté evitar tocarla cuando la vi por primera vez en el desierto; y aunque seguía sin tener ninguna evidencia médica que demostrara que ella no tenía la rabia, me había conquistado el corazón. No podía resistirme.

Cuando el resto de mi cuerpo estuvo seco, salimos a explorar la zona local. Yo había visto algunas tiendas abajo, en el bloque de apartamentos, y un centro comercial grande a medio kilómetro de distancia. Era un hermoso día de verano sin ninguna contaminación que yo pudiera ver, y tenía ganas de pasear a lo largo del canal cercano y tomar una taza de café decente.

La caminata fue fácil; el café, sin embargo, fue imposible.

Hice fila en la primera cafetería Starbucks que vi y esperé mi turno en la fila.

Arrastré los pies hasta el mostrador y estaba a punto de hacer mi pedido cuando la camarera miró mi brazo, donde llevaba a Gobi, y señaló a la puerta.

—¡No se permiten perros!

—Bueno, está bien —dije yo—. Tomaré algo para llevar.

—No. Saque fuera al perro —movió las manos delante de mí como si intentara espantar algo desagradable de sus muñecas.

Salí de la cafetería y seguí caminando. De ninguna manera iba a dejar atada a Gobi fuera.

Tuvimos una reacción casi igual en la siguiente cafetería donde entramos, y también en la siguiente, donde nos detuvimos y nos sentamos en las sillas que había fuera. Le estaba dando de beber agua a Gobi de mi mano, como hacía durante la carrera, cuando salió uno de los empleados y nos dijo que nos fuéramos.

—¡Es solamente agua! —dije yo, un poco molesto a esas alturas.

—¡No! —gritó él—. No debe hacerlo. Váyase.

Regresamos caminando a casa más que un poco decaídos. En cierta manera, sentí que sabía cómo era la situación para Gobi y para los incontables perros callejeros en China. Ser tratado como un marginado no es nada divertido; ser juzgado y rechazado así fue doloroso.

Si Gobi estaba molesta, no lo mostraba; de hecho, parecía más contenta que nunca. Llevaba la cabeza alta, y sus ojos brillaban mucho mientras caminábamos. En muchos aspectos era imposible saber que ella había sido una perrita callejera en las calles de la ciudad dos semanas antes, y la profunda cicatriz que tenía en lo alto de la cabeza se estaba curando lentamente; pero el modo en que mantenía su pata derecha arriba, evitando poner peso sobre ella, dejaba perfectamente claro que necesitábamos acelerar su operación.

Antes de eso, sin embargo, tenía otra tarea de la que ocuparme; una tarea que era incluso más urgente. Necesitaba registrar la posesión de Gobi a mi nombre. La ley china dice que los dueños de perros deben llevar su licencia siempre que estén en público con su perro. Yo había oído que si me agarraban sin licencia, podrían quitarme a Gobi en ese instante.

Kiki ayudó con el papeleo, y cuando hicimos el trámite y metí la licencia en mi cartera, sentí que me quitaba un gran peso de encima. Ahora no solo era legal, sino que también tenía otra línea de defensa contra alguien que intentara reclamar la posesión de Gobi.

Cuanto más tiempo pasaba con Gobi, más aprendía sobre ella; y cuanto más aprendía sobre ella, más intrigado y sorprendido estaba.

Cada vez que pasábamos al lado de un montón de basura en la acera, ella tiraba de la correa y me arrastraba para que le dejara rebuscar comida; eso me indicó que los días que pasó en la calle en Urumqi probablemente no fueron su única experiencia en tener que alimentarse, y con frecuencia la observaba devorar los restos que había dentro de un envoltorio de comida para llevar y me preguntaba cuántos secretos tendría su vida.

A pesar de ser una experta en comida en la calle, ya me había mostrado en Urumqi que podía adaptarse fácilmente a un estilo de vida más sofisticado. Supongo que no todos los perros son aptos para vivir en un apartamento, pero Gobi se instaló con facilidad. En muchos aspectos nunca parecía más feliz que cuando estaba acurrucada a mi lado, mirando profundamente a mis ojos mientras estábamos en el sofá. No ladraba cuando yo estaba con ella, no atacaba los pocos muebles que teníamos, y en las pocas ocasiones en que no pudo aguantarse hasta que hubiéramos salido para hacer sus necesidades, pude ver que se sentía culpable por eso.

La primera vez que Gobi tuvo un accidente fue poco después de mudarnos allí. Yo había decidido tomar mi café en el apartamento esa mañana, y no llegué a leer correctamente sus señales. Pensé que Gobi estaba dando vueltas y olisqueando la puerta porque había oído a un perro ladrar en un apartamento cercano.

Supe que algo había ido mal solamente cuando ella desapareció al cuarto de baño por un minuto y regresó, con la cabeza agachada, caminando hasta mi lado. Con sus orejas hacia abajo y la cabeza agachada, tenía una expresión de total vergüenza.

Fui al baño y encontré en el piso un pequeño lago de pipí de perro. Pobrecilla. Me deshice en disculpas, y en cuanto limpié el piso la llevé abajo hasta su parada preferida para ir al inodoro en los arbustos que había cerca de la entrada.

Lo único que no le gustaba a Gobi era que la dejara sola en el apartamento. Intentaba dejarla allí lo menos posible, pero había veces en que no tenía otra opción. Si tenía que ir al gimnasio para correr en la cinta andadora, o si nos quedábamos sin comida y yo tenía que ir al supermercado, ella tenía que quedarse. Casi cada vez que salíamos juntos al menos una vez o dos nos divisaban y nos pedían que nos tomáramos una foto. La historia de Gobi había sido un gran éxito en toda China, y dejarla atada en el exterior de un supermercado o un Starbucks mientras yo entraba no era un riesgo que yo estuviera dispuesto a correr.

Pero dejarla en el apartamento era duro. Yo intentaba escabullirme por la puerta tan rápidamente como pudiera, con frecuencia teniendo que obstaculizarla para que no me siguiera. Siempre comprobaba dos veces que la puerta estuviera cerrada con llave y, mientras me alejaba caminando, podía oírla haciendo el mismo sonido que hizo cuando cruzamos el río. Ese sonido de lloriqueo dolorido y agudo me atravesaba el corazón cada vez.

Aunque era difícil dejarla allí, siempre que yo regresaba ella tenía tanta alegría como la que tuvo en la casa de la familia Ma la noche en que nos reencontramos. Daba vueltas, corría y saltaba con una emoción de pura adrenalina; al final se calmaba lo bastante para que yo la cargara, y un profundo sentimiento de calma la inundaba, de nuevo igual que en el río. En la actualidad sigue siendo igual; siempre que Gobi está en mis brazos, estoy convencido de que no tiene ni una sola preocupación en el mundo.

El que una criatura viva tenga tanta confianza en una persona es poderoso, en especial cuando sabes que podría decidir irse en cualquier momento; pero Gobi nunca mostró ninguna señal de querer irse a ningún otro lugar, sino a mi lado.

Cada mañana me despertaba y ella me estaba mirando fijamente, con su cabeza tan cerca de la mía que podía sentir su respiración en mi mejilla. La mayoría de los días, si yo no comenzaba a jugar con ella pronto, me lamía la cara. Esa era una señal de afecto perruno que al principio no me resultaba tan bonita, y me hacía saltar de la cama.

Bajábamos al piso inferior rápidamente para que ella pudiera salir a hacer sus necesidades, pero siempre era obvio para mí que lo que más quería Gobi era regresar al apartamento y prepararse para un buen abrazo.

Para mí, estar en el extremo receptor de ese tipo de amor y devoción es algo especial. Poder cuidar de ella, poder darle el tipo de atención y de afecto que necesita, toca algo en lo más profundo de mi corazón.

Amor. Devoción. Atención. Afecto. En muchos aspectos siento que todo eso desapareció de mi vida cuando llegué a los diez años. Pasaría toda una década hasta conocer a Lucja y sentir que todas esas cosas comenzaban a llegar a mi vida otra vez.

Lo que Gobi introdujo en mi vida fue la oportunidad de poder tratar a alguien joven y vulnerable del modo en que yo quería que me trataran cuando mi vida estaba fuera de control. Gobi me necesitaba. Aunque sigo sin estar seguro de poder poner palabras adecuadas a los sentimientos, sé que rescatarla ha sanado heridas que no sabía que tenía en mi interior.

No es que todo fuera perfecto. La televisión, por ejemplo, era terrible.

Yo esperaba que hubiera al menos un abanico básico de canales. Quizá algo de la BBC o Fox News de vez en cuando. Nada de eso. Lo único que tenía eran dos canales: un servicio de noticias chino que hacía un resumen de una hora de duración de los acontecimientos del día anterior, y un canal de cine con la oferta ocasional de Hollywood presentada con subtítulos en chino. Me sentí esperanzado cuando descubrí ese segundo canal, pero resultó que la mayoría de nuestras estrellas de cine de la lista B tienen un catálogo terriblemente largo de películas tan malas que nunca han llegado a nuestras pantallas en Occidente. En aquellos primeros días vi algunas películas verdaderamente terribles. Al final me aburrí y dejé de intentarlo. Estaba totalmente desanimado sin nada que hacer.

La Internet también era un problema. Me tomó una semana descubrir cómo sortear los muchos filtros que las autoridades chinas ponían en la web, pero mi acceso hacía que fuera casi imposible obtener ningún contenido de video.

Gobi y yo intentamos pasar más tiempo al aire libre. El camino de un kilómetro y medio que recorría el canal era siempre un buen lugar para caminar, sobre todo cuando los obreros de la construcción estaban en su tiempo de descanso. Nos ignoraban mientras se reunían en torno a los vendedores de comida en la calle, quienes realizaban un estupendo mercado entre ellos. Gobi y yo nos enteramos pronto de que los mejores puestos de todos eran los que servían jianbing: lo que yo denominé burrito de Beijing. Pensemos en una tortita fina con un huevo cocinado en su interior y un montón de wantán aplastado y crujiente, deliciosas especias, y chili. Gobi y yo nunca nos cansábamos de comerlo.

Nos habían echado de casi todas las cafeterías donde habíamos intentado entrar pero, afortunadamente, encontramos un Starbucks donde les agradaba quebrantar las normas y nos dejaron sentarnos fuera. Lo mejor de todo fue una pequeña cafetería independiente donde el personal no solo nos permitía entrar, sino que también hacía la vista gorda cuando yo ponía a Gobi en la silla y le daba de comer un poco de mi pastel.

Para una ciudad que no permite que vayan perros en los taxis o los autobuses, y que recientemente ha aprobado una ley que permite a los perros guía viajar en el suburbano, eso era una hazaña importante. Nos aseguramos de financiar bien esos lugares a lo largo de nuestra estancia.

A pesar de lo divertido que era aprender juntos sobre esta nueva vida, una cosa me preocupaba continuamente: la cadera dañada de Gobi. Ella hacía todo lo posible por ocultarlo y había aprendido a ir dando saltitos sin poner demasiado peso sobre ella; pero si alguna vez yo la agarraba por el lado equivocado o intentaba cargarla sobre mi costado izquierdo en lugar del derecho, ella daba un pequeño grito de dolor.

Además, la herida de su cabeza no se había curado tan bien como Kiki y yo esperábamos.

Por lo tanto, después de una semana en el apartamento le di la mala noticia a Gobi.

—Hoy no hay cafetería para ti ni para mí, pequeña. Vamos a ver al veterinario.

22

YO NO PODÍA SOPORTAR EL SONIDO. ME QUEDÉ EN EL
pasillo e intenté no escuchar el sonido de Gobi lleno de dolor y temor,
pero fue inútil. Esos gritos y lloros fueron el ruido más horrible que
había oído en toda mi vida.

En algún lugar había leído que para evitar que los perros asocien
el dolor profundo y el temor con sus dueños, no deberían estar en la
misma habitación con ellos cuando les ponen una inyección. Incluso sin
ese consejo, no creo que yo hubiera sido capaz de estar a su lado.

Cuando la anestesia hizo su efecto y ella finalmente se quedó calla-
da, salió una de las enfermeras y se acercó a mí.

—Ella está bien. ¿Quiere entrar?

Gracias a Kiki, estaban a punto de operar a Gobi en uno de los
mejores hospitales veterinarios de la ciudad; y gracias a los medios de
comunicación chinos, todas las enfermeras y médicos ya habían oído de
Gobi. Eso (además de buenas palabras de Kiki) significaba que Gobi
tenía al equipo quirúrgico más experimentado, y nos permitieron a Kiki
y a mí lavarnos, ponernos la ropa quirúrgica azul, y unirnos al equipo
en el quirófano.

Tras numerosos escáneres y consultas, el equipo confirmó de modo
unánime lo que me habían dicho en Urumqi: que la causa del dolor de

Gobi y sus extraños saltitos era una lesión en su cadera derecha. Era imposible decir si le había golpeado un auto o un ser humano, pero en algún momento durante su carrera por Urumqi se había provocado la lesión, la cual había forzado su cadera y la había desplazado de la pelvis.

La solución era que le realizaran una ostectomía de cabeza femoral: una forma de cirugía de cadera donde se elimina la parte superior del fémur pero no se sustituye por nada, dejando que el cuerpo se cure por sí solo y la articulación se reforme con tejido cicatrizal.

Me aseguraron una decena de veces que era una operación estándar que podía dar resultados excelentes. Yo tenía confianza en el equipo y sentía que estábamos en buenas manos, pero mientras estaba allí de pie y los observaba a punto de comenzar la operación de una hora, seguía siendo un manojo de nervios.

Otra vez fueron los sonidos los que me vencieron, aunque esta vez Gobi estaba sedada demasiado profundamente para emitir ningún sonido. Estaba tumbada con su lengua colgando como si fuera un calcetín viejo, respirando regularmente con la máscara que tapaba su boca, mientras las enfermeras rasuraban todo el pelo de su cadera derecha. Lo que realmente me molestaba esta vez era el sonido de las máquinas que monitoreaban su ritmo cardíaco y sus niveles de oxígeno. Desde la muerte de Garry, siempre he aborrecido oír el sonido de esas máquinas en la televisión, pues me recuerdan la noche en que yo estaba en el cuarto de mi hermana y escuchaba a los médicos intentar salvarlo, y siempre que oigo esos pitidos regulares, me hago a mí mismo la misma y sencilla pregunta: *Si me hubiera levantado antes de la cama, ¿habría podido salvarlo?*

Surgió una conversación entre los médicos, elevando ligeramente sus voces. Kiki debió de haberse dado cuenta de mi preocupación porque me dio unas palmaditas en el hombro y habló suavemente; me dijo que estaban intentando decidir hasta qué cantidad de medicamento darle para evitar un ataque al corazón sin ir demasiado lejos y realmente inducirlo.

—Espero que sepan lo que hacen —musité yo. Me sentía física-mente enfermo por dentro.

Finalmente, cuando la sala se quedó en silencio y comenzaron a operar, le dije a Kiki que tenía que salir.

—Búscame en cuanto terminen —le dije—. No puedo quedarme aquí.

Esa hora me pareció un mes, pero cuando al fin terminaron salió el cirujano jefe para asegurarme que la cirugía había ido bien y que Gobi pronto se despertaría. Me senté al lado de ella en la sala de recuperación y la observaba despertarse gradualmente.

Hubo un momento en que ella me miró, y todo era casi igual que cada mañana, con sus grandes ojos mirando los míos; pero un segundo después debió de haber sentido dolor, porque comenzaron otra vez sus agudos lloriqueos. Al mirarla y escucharla, estaba claro que sentía mucho dolor. Nada de lo que yo pudiera hacer parecía ayudar.

En menos de un día, el verdadero espíritu de Gobi surgió de nuevo. Ella aún sentía dolor por la operación, y yo sabía que pasarían semanas hasta que su cadera se recuperara, pero cuando la llevé de regreso al apartamento, volvió otra vez a mover el rabo y lamer mi cara.

Yo, por otro lado, me sentía inquieto. No podía estar seguro de si lo que me molestaba era ver que Gobi tenía dolor o los recuerdos de la muerte de Garry, pero sabía con seguridad que en los días y semanas siguientes yo seguiría preocupado por la seguridad de Gobi.

Desde el comienzo de nuestro tiempo en Beijing, me sentía un poco nervioso por el número de personas que reconocían a Gobi; pero a medida que pasamos cada vez más tiempo en el apartamento durante su recuperación de la operación, me volví un poco paranoide. Si yo estaba abajo en el vestíbulo esperando a que llegara un elevador y llegaba otra persona, especialmente si no era china, me bajaba en el piso décimo o duodécimo e iba por las escaleras hasta el undécimo, mirando por encima del hombro mientras caminaba. Sabía que eso era una tontería, y sabía que si alguien quería arrebatarme a Gobi, sería necesario algo más que mi impresión de espía aficionado para mantenernos seguros; pero el instinto de sospechar de los desconocidos era demasiado fuerte para resistirlo.

No ayudaba que el resto de los apartamentos en mi piso fueran rentas a corto plazo, pues eso significaba que había un cambio constante de personas. Recordando la visita del esposo de Nurali y de los tipos bien vestidos en Urumqi, yo miraba con recelo a todos los residentes.

—Está bien salir y vivir una vida normal —dijo Kiki después de que le hablara de mis temores un día.

¿Una vida normal? Ni siquiera estaba seguro de saber ya lo que eso significaba. Cuatro meses antes yo trabajaba sesenta horas semanales, tenía libres tres de cada siete noches, estaba adaptado en mi entrenamiento a las nueve o las diez de la noche mientras otros veían la televisión. Llenaba mi tiempo con trabajo, entrenamiento, e intentando pasar la vida con Lucja en nuestro hogar en Edimburgo. Ahora tenía una larga excedencia en el trabajo, vivía a miles de kilómetros de distancia, casi no corría, intentando mantener a salvo a una pequeña perrita que a veces parecía ser el cachorro más hermoso del mundo. La normalidad estaba a una vida de distancia.

También me preocupaba el número de peticiones de fotografías que recibía cuando Gobi y yo salíamos. La mayoría de personas eran estupendas, y me gustaba que Gobi hiciera feliz a la gente, pero sabía que para algunas ella era tan solo una oportunidad de tener una foto bonita.

Parte del problema de los perros callejeros en China surge de personas que compran perros de raza, los llevan a su apartamento, y después se hartan cuando los perros causan un caos en el piso o destrozan los muebles. En un país donde hay tanta riqueza, los perros a veces son tratados como un accesorio de moda: temporal y desechable.

Gobi se merecía algo mejor que eso.

Cuando había pasado un mes de mi estancia en Beijing, tenían que llegar los resultados del análisis para la rabia.

Durante los veintinueve días que habíamos pasado esperando, mi instinto me había dicho que Gobi estaría bien. Sabía que los análisis darían buenos resultados y podríamos pasar a la fase siguiente de esperar los noventa días para la segunda ronda de análisis; pero por mucho que creyera eso, una parte de mí había comenzado a hacerse preguntas. ¿Y si Gobi tenía la rabia, después de todo? Entonces, ¿qué? Si no podíamos llevar a Gobi al Reino Unidos, ¿nos mudaríamos a China para vivir juntos? En lugar de llevar a casa a Gobi, ¿tendríamos que llevar nuestra casa hasta Gobi?

El resultado fue el esperado. Gobi no tenía la rabia. Di un gran suspiro de alivio, lo celebré con Lucja, y compartí la noticia con el resto del mundo mediante nuestras crecientes cuentas en las redes sociales. La reacción hizo que se me saltaran las lágrimas.

Muchos desconocidos habían invertido mucho en la historia de Gobi, y aún me sigue sorprendiendo leer sobre las maneras en que ella ha tocado vidas de personas. Por ejemplo, una mujer que tiene cáncer me dijo que nos sigue en Facebook, Twitter e Instagram cada día para ver qué hacemos Gobi y yo.

—He estado con usted desde el principio —me dijo.

Me encanta que la historia no se trate solamente de Gobi y yo intentando regresar a casa. Ya sea que personas han perdido su empleo, están sufriendo de depresión, o pasan por problemas matrimoniales, esta pequeña perrita ha puesto una sonrisa en los rostros de muchas personas.

Al final fue la carrera lo que me ayudó a apaciguar mis temores. Poco después de la operación de Gobi, alguien que había conocido en Urumqi me invitó a participar en una carrera de una sola etapa en una parte distinta del desierto de Gobi. Los organizadores habían reunido a cincuenta de los mejores especialistas del mundo en noventa y seis kilómetros para la carrera en la provincia de Gansu, cerca de Xinjiang. No es una distancia que yo normalmente corro, al menos no como una carrera de un día y de un punto a otro, pero de alguna manera yo seguía estando en bastante buena forma por el entrenamiento que había podido realizar para la carrera de Atacama que finalmente no hice.

Pero ahora los organizadores de la carrera de Gansu ofrecían acomodación gratuita y vuelos de regreso gratuitos hasta Edimburgo a cambio de que yo participara en la carrera de noventa y seis kilómetros y diera un empujón a sus relaciones públicas reuniéndome con periodistas. Recibí varias peticiones de entrevistas y fotografías, todas ellas interesadas en ponerse al día sobre Gobi y grabarme en acción. La idea de poder usar el billete para el vuelo de regreso y ver otra vez a Lucja era demasiado tentadora para rechazarla.

Justo cuatro días antes de la carrera recibí noticias aún mejores de los organizadores de la carrera. Tenían aún algunos espacios disponibles y estaban dispuestos a pagar para llevar a otros corredores de élite que quizá quisieran competir. Llamé enseguida a Lucja. Era una idea loca recorrer toda la distancia hasta China y hacer ese largo recorrido sabiéndolo con tan poco tiempo, especialmente porque seis semanas antes ella había completado una brutal carrera de cinco días y 482 kilómetros por Holanda. Pero además de ser una corredora de talla mundial, que terminó en tercer lugar entre las mujeres en el Maratón des Sables de 2016, Lucja es una mujer fuerte y amante de la aventura. Ella aceptó inmediatamente, y cuarenta y ocho horas después estaba en un avión viajando hacia el oriente.

Yo estaba un poco preocupado por Gobi; pero Kiki había prometido cuidarla bien, y yo podía confiar en ella. Además, tenía la sensación de que a Gobi no le importaría tener unos cuantos días de arrumacos importantes en su piscina de recuperación y salón de belleza.

En cuanto supe que Lucja participaría, me involucré por completo. Correr ha desempeñado un papel especial en nuestra relación, y la carrera coincidía con nuestro undécimo aniversario de boca. No se me ocurría una manera mejor de celebrar lo mucho que habíamos recorrido juntos.

Uno de mis recuerdos favoritos de correr con Lucja viene del primer Maratón des Sables en el que competimos juntos. Como en la mayoría de ultramaratones, recibes tu medalla de finalizador después de la etapa larga (por lo general, la penúltima etapa de la carrera). Me sorprendió lo bien que yo iba, y cuando terminó la etapa larga supe que tenía asegurada mi posición como finalizador justo fuera de los cien primeros. Para alguien que participa por primera vez entre otros mil quinientos corredores, no era un mal resultado.

Superé la última cresta que ocultaba de la vista la línea de meta y vi a las multitudes que estaban más adelante, vitoreando a los corredores que llegaban. Y allí, a decenas de metros de la meta, estaba Lucja. Ella había comenzado antes que yo ese día, y yo no había esperado verla en el recorrido, pero allí estaba, protegiéndose los ojos del sol con su mano mientras miraba en mi dirección.

—¿Qué estás haciendo aquí? —dije cuando finalmente llegué donde ella estaba—. Pensé que habrías terminado hace una hora.

—Podría haberlo hecho —dijo ella—, pero quería terminar contigo, así que te esperé.

Cruzamos la línea de meta agarrados de la mano. Ella podría haber finalizado mucho más arriba en la clasificación, pero decidió esperarme.

Aún pienso en eso cuando corro en la actualidad.

Fue bueno regresar al desierto, fue bueno poder correr sin tráfico ni contaminación, y sobre todo, fue estupendo ver a Lucja. Llevábamos casi seis semanas separados, y quería pasar cada minuto que pudiera con ella; por lo tanto, aunque pensaba que podría obtener una posición bastante buena, estaba mucho más feliz de poder correr con ella.

La ruta nos llevaba dos veces por un circuito de unos cuarenta y ocho kilómetros. Era un día caluroso, fácilmente llegamos a los 43 ºC, y cuando terminamos la primera vuelta vimos que la carpa médica ya tenía actividad, y un grupo de personas habían decidido tirar la toalla y abandonar. Comenzaron la carrera con demasiada rapidez, se forzaron demasiado, batallaron en esas condiciones, y no querían seguir recorriendo una segunda vuelta. Yo he abandonado en más de una ocasión en mis carreras de entrenamiento, aunque nunca debido al calor. Lo que me hace regresar al auto es el barro, el viento y la lluvia de Escocia.

Corrimos los primeros cuarenta y ocho kilómetros un poco más lentos de lo que había planeado, pero supuse que aún teníamos ochos horas para hacer el resto del recorrido antes del límite de catorce horas.

Cuando comenzamos la segunda vuelta, Lucja lo pensó otra vez.

—Sigue tú, Dion. No tengo fuerzas suficientes —me dijo.

Lucja y yo hemos corrido suficientes carreras para saber cuándo es momento de tirar la toalla y cuándo es momento de aguantar y seguir adelante. Yo la miré un largo rato; ella estaba cansada, pero aún seguía luchando. Ese no era momento para tirar toallas.

—Podemos conseguirlo —le dije—. Tengo a un equipo de televisión siguiéndome, y los organizadores nos han cuidado de verdad; se lo debemos. Yo te ayudaré a seguir; tan solo sigue a mi lado.

Ella hizo lo que hace tan bien y aguantó. Seguimos adelante, corriendo de un marcador a otro, tildando los kilómetros a medida que los completábamos.

Las cosas empeoraron cuando aún quedaban veintinueve kilómetros y se levantó una tormenta de arena. La visibilidad se redujo a menos de treinta metros, y cada vez era más difícil ver los marcadores. Yo recordé la inmensa tormenta de arena al final del día largo cuando Tommy casi muere. No tenía que cuidar de Gobi, pero tenía que proteger a Lucja. Sin señal alguna de que hubiera oficiales de la carrera a nuestro alrededor, comencé a formular un plan de emergencia si la tormenta de arena empeoraba o si Lucja comenzaba a venirse abajo.

Ella no lo hizo, y la tormenta al final amainó, pero los vientos seguían soplando con fuerza. Se habían llevado por delante nuestros sombreros, y nos picaban los ojos por la arena. Volaban desechos por todo lugar. Seguimos adelante, aunque progresábamos lentamente entre los marcadores moviéndonos solamente hasta el siguiente cuando podíamos verlo. Lucja intentó tomarse un gel para que le diera energía, pero cada vez que lo hacía lo vomitaba.

Cuando llegamos al siguiente puesto de control era un caos, todo se había volado y los voluntarios parecían aturdidos; sin embargo, avanzamos pese al hecho de que íbamos corriendo más lentamente que nunca. Yo pensaba que era extraño que nadie nos adelantara, pero empleé todo mi esfuerzo en alentar a Lucja a que bloqueara el dolor y siguiera adelante.

Pasamos por otro puesto de control medio destrozado y seguimos, sabiendo que nos quedaban trece kilómetros que correr.

Ya estaba oscuro, y cuando se aproximó un auto con sus faros a plena potencia, el cielo entero se iluminó.

—¿Qué están haciendo? —preguntó el conductor.

—Estamos corriendo —dije yo, demasiado cansado para intentar bromear.

—Pero muchas personas han sido detenidas ya debido a la tormenta de arena.

—Nadie nos lo dijo en el puesto de control. Solo nos quedan unos pocos kilómetros, y no nos vamos a detener ahora.

—Está bien, entonces —dijo antes de alejarse.

Esos últimos kilómetros fueron algunas de las más difíciles que he visto nunca terminar a Lucja. Entre lágrimas, gritos y fuerte dolor, ella se aferró a una determinación inconmovible para finalizar.

Cuando cruzamos la meta, le agarré la mano.

—Feliz aniversario —le dije—. Estoy muy orgulloso de ti.

Pudimos pasar una noche juntos en Beijing antes de que Lucja tuviera que regresar a casa para trabajar. Kiki se reunió con nosotros fuera del aeropuerto, y una vez más Gobi era un huracán de emoción en la parte trasera de la camioneta. Esta vez, sin embargo, no solo me daba lametones a mí; Gobi pareció saber al instante que Lucja era especial, y le mostró la experiencia completa de bienvenida.

Gobi mostró su afecto a Lucja toda la noche. Yo me quedé dormido poco después de que regresáramos al apartamento, pero Lucja no durmió nada porque Gobi decidió que se requería una sesión de vinculación afectiva aún más larga. Cuando yo me desperté, eran inseparables.

Después de la carrera tomé algunas decisiones importantes.

En primer lugar, decidí que iba a declinar todas las peticiones de entrevistas durante el resto del tiempo que pasara en Beijing. Algunos periodistas habían contactado conmigo durante la carrera, diciéndome que necesitaban tener una foto de Gobi y preguntando si podían visitarla en las instalaciones de Kiki mientras yo estaba fuera de la ciudad. Incluso habían llegado al extremo de contactar directamente con Kiki, quien desde luego se negó. No me gustó eso, pues yo había intentado mantener en secreto nuestra ubicación.

Estar con Lucja me hizo pensar en cómo podría ser la vida cuando Gobi y yo finalmente estuviéramos en casa. Estaba seguro de que habría cierto interés de la prensa durante una o dos semanas, pero sabía que quería que la vida volviera a la normalidad lo antes posible, fuera como fuese esa normalidad. Por lo tanto, tomé la decisión de dejar de hacer entrevistas. Era el momento de que Gobi y yo pasáramos al anonimato.

La segunda decisión que tomé fue sobre correr.

La carrera de noventa y seis kilómetros había sido pan comido. Miré los tiempos de quienes terminaron y vi que yo podría haber quedado entre los diez primeros, un resultado posible nada malo dado que el campo de élite incluía a algunos corredores de maratón con tiempos de 2:05 de Kenia. Un par de semanas después tuve una conversación con los organizadores de un ultramaratón próximo de 168 kilómetros: el Ultra Monte Gaoligong. Como parte de la invitación a correr, hablamos sobre que yo hiciera algunas entrevistas con revistas británicas de atletismo. La oportunidad de viajar a otra parte de China, a la ciudad de Tengchong en la provincia de Yunnan, cerca de Myanmar, era una gran atracción para mí. Nunca antes había hecho una carrera de esa distancia sin paradas, de modo que sin duda alguna no estaba apuntándome para competir con la idea de ganar.

Era una carrera brutal en las montañas. Al ascender 8.800 metros, fui forzado hasta mis límites y estuve cerca de abandonar en un punto durante la carrera. Mi forma física no era tan buena como debería haber sido, pero el ver la línea de meta después de treinta y dos horas sin detenerme me impulsó a completarla. Recibí mi medalla, que tenía forma de un cencerro de oveja para recordar a los corredores a los pastores locales al lado de los que pasamos en las montañas, terminando en un respetable decimocuarto puesto entre cincuenta y siete expertos atletas de resistencia.

23

UN DÍA, GOBI Y YO ESTÁBAMOS TEMBLANDO, INTEN-
tando resguardarnos contra el viento invernal que soplaba por las
ventanas viejas del apartamento; al día siguiente no podíamos dormir,
batallando por respirar mientras el calor sofocante nos ahogaba.

El 15 de noviembre era el día en que el gobierno encendía las calefacciones en toda la nación. Fue el comienzo de nuestros momentos más
duros en Beijing.

Casi en cuanto encendieron las calefacciones, la contaminación
ambiental aumentó. Como todo el mundo en Beijing, yo había aprendido a monitorear la calidad del aire y organizar mi día en consecuencia.
Si el índice estaba por debajo de 100, sacaba fuera a Gobi sin ninguna
preocupación; si estaba por encima de 200, hacíamos caminatas cortas;
por encima de 400, incluso el paseo de quince metros desde el bloque de
apartamentos hasta mi restaurante japonés favorito era suficiente para
que me picaran los ojos.

Había oído que cuando los niveles están entre 100 y 200 y se está en
el exterior, es como fumar un paquete de cigarrillos diario; 200 supone
dos paquetes, 300 son tres, y cualquier índice por encima de esos niveles
es como fumar un cartón entero.

Con las fábricas alimentadas por carbón soltando su denso humo, el cielo estaba tan lleno de suciedad tóxica que uno no se atrevía a abrir las ventanas del apartamento.

Intentar evitar la contaminación traía un sentimiento de que nos habían recortado nuestra libertad. No podíamos salir a dar paseos ni a comprar café. Todo se detuvo. Teníamos la sensación de haber sido eliminados del mundo.

El cambio no fue bueno para Gobi. Después de algunos días de estar encerrados en el apartamento, podía sentir que ella estaba batallando. Dejó de comer, apenas bebía nada, y holgazaneaba con la expresión más triste en su cara que yo había visto jamás. Casi lo único que podía hacer para que se levantara y se moviera era sacarla al corredor y lanzarle una pelota de tenis para que ella la persiguiera y la trajera. Era el tipo de juego que ella habría jugado por horas si hubiéramos estado fuera al lado del canal, pero en el bloque de apartamentos, con las luces de seguridad apagándose continuamente y dejándonos a oscuras, ella solo quiso jugar durante treinta minutos.

Pensando que el problema con el corredor podría ser que había demasiados olores que distraían y que salían por debajo de las puertas de nuestros vecinos, un día llevé a Gobi hasta el estacionamiento en el sótano. Sabía que por lo general estaba vacío durante el día, así que habría mucho espacio para que ella corriera y persiguiera la pelota, como solía hacer.

En cuanto se abrieron las puertas del elevador en el lugar cavernoso, Gobi plantó sus patas como si fuera un roble de cien años y se negó a moverse.

—¿De veras? —dije yo—. ¿No vas a entrar?

Ella se quedó mirando fijamente hacia la oscuridad. Nada la movía.

La noche que regresé después de cenar sushi y ella no se levantó para recibirme, supe que teníamos problemas.

Al día siguiente, el veterinario le hizo un examen detallado y diagnosticó tos canina. El remedio era un plan de medicación y una semana encerrada en el apartamento.

Con Lucja que no regresaría a Beijing hasta Navidad, ningún compromiso que cumplir con los medios de comunicación y ninguna manera de salir fuera, los días eran muy largos. Dos veces al día agarrábamos la pelota de tenis y salíamos al corredor, y cada tarde yo entrecerraba bien los ojos para evitar la contaminación y me apresuraba a ir al restaurante japonés. El apartamento era un horno, pero no me atrevía a abrir las ventanas y que entrara más contaminación, de modo que cada mañana me despertaba con resaca, independientemente de si había bebido tres cervezas la noche antes o ninguna.

Iba al gimnasio de vez en cuando, pero solamente podía ver el equivalente a una hora de video antes de que mi cuenta de Internet se interrumpiera. Sin una pantalla para distraerme, pronto perdí el interés.

Intenté trabajar en mi fuerza y mi condición física en el apartamento, pero era inútil. La contaminación estaba en todo lugar; aunque fregaba el piso y limpiaba las superficies regularmente, cada vez que hacía flexiones mis manos terminaban cubiertas de mugre negra, que debía de haberse colado por las rendijas invisibles de las ventanas.

Justamente cuando yo comenzaba a deslizarme hacia la oscuridad, Gobi se recuperó. El momento fue perfecto. Me despertaba y la veía mirándome fijamente, recibía el lametón acostumbrado, y comenzaba el día de la mejor manera. ¿Cómo podía estar deprimido cuando tenía a Gobi para mí solo?

La confianza de Gobi aumentaba cada día. Cuando se recuperó de la tos canina, resurgió su personalidad. Incluso cuando estábamos fuera para que ella pudiera hacer sus necesidades, caminaba con la cabeza alta, sus patas ligeras y sus ojos brillantes. Me encantaba verla con tanta confianza y seguridad.

Y una vez más, Gobi me hizo seguir adelante. Pensé en las dificultades que ella había experimentado, desde la carrera hasta el tiempo que pasó en las calles en Urumqi, para así poder encontrar un hogar permanente con personas que la quisieran y la cuidaran. Si ella pudo superar todo eso, entonces yo también podría hacerlo.

Durante aquellos días tan largos tuve mucho tiempo para pensar, y muchas cosas en las que pensar.

Pensé en regresar a casa y en que, aunque compito llevando la bandera australiana y nunca apoyaría a otro país en los deportes que no fuera Australia, el Reino Unido es ahora mi hogar. He vivido allí durante quince años y he visto desarrollarse allí muchas de las cosas buenas de mi vida. Mi atletismo, mi carrera profesional, mi matrimonio: todas esas cosas han despegado en el Reino Unido. No podía pensar en ningún otro lugar donde querría llevar a Gobi.

También pensé en mi papá. Yo tenía unos veintitantos años cuando mi verdadero padre estableció contacto y llegó a mi vida. Las cosas eran complicadas, y no fue posible que tuviéramos una relación duradera.

Aunque yo nunca tuve esa experiencia padre-hijo que muchos de mis amigos tienen, le estoy agradecido por una cosa. Él nació en Birmingham (Inglaterra), pero cuando era niño su familia emigró a Australia. Mi papá no me dio dinero, y tampoco me dio apoyo cuando más lo necesitaba, pero cuando fui adulto y estuve preparado para comenzar de nuevo a miles de kilómetros lejos de mi hogar, la nacionalidad de mi papá hizo posible que tuviera derecho a tener pasaporte del Reino Unido.

También pensé en mi mamá. Aproximadamente en la misma época en que mi papá reapareció en mi vida, mi mamá se enfermó. Un día me llamó por teléfono antes de que Lucja y yo nos conociéramos. Me sorprendió oír su voz, ya que en los años anteriores solo habíamos hablado el día de Navidad.

Cuando me dijo que le habían diagnosticado cáncer de mama, me quedé anonadado. A medida que la vi pasar por el tratamiento y acercarse peligrosamente a la muerte, eso nos acercó más. Ella quería mejorar las cosas, y eso fue exactamente lo que prometimos hacer. Fuimos construyendo la relación desde ahí; dimos nuestros pasos lentamente, pero a lo largo de los años al menos hemos llegado a ser amigos.

Esperando en el apartamento, contando los días hasta que volviera a ver a Lucja, también pensé en por qué encontrar a Gobi había sido tan importante para mí; y no fue difícil descubrirlo.

Se trataba de cumplir mi promesa.

Había prometido recuperarla pese a lo que fuera necesario. Encontrarla, mantenerla a salvo y hacer posible que volara hasta casa significaba que yo había cumplido mi palabra. Después de todos los altibajos, había podido rescatarla; le había dado la seguridad que yo había deseado tan desesperadamente cuando mi vida se torció en mi niñez.

El día que Gobi se quedó a mi lado y levantó sus ojos desde mis fundas amarillas hasta mis ojos, tenía una mirada que yo no había visto nunca. Ella confió en mí desde el principio; incluso puso su vida en mis manos. Que un completo desconocido te haga eso, aunque sea una perrita callejera, es algo impactante, muy impactante.

¿Me salvó Gobi? No creo que yo estuviera perdido, pero sé con seguridad que Gobi me ha cambiado. Me he vuelto más paciente, y he tenido que tratar con los demonios del pasado. Ella ha añadido a las cosas buenas en mi vida que comenzaron cuando Lucja y yo nos conocimos y después continuaron cuando descubrí las carreras. En muchos aspectos, al encontrar a Gobi he descubierto más de mí mismo.

Cuando por fin quedaban unos pocos días para Navidad y yo estaba en el aeropuerto y vi a Lucja atravesar la puerta de llegadas, no pude evitar llorar. Fue como el día en que ella me esperó en el Maratón des Sables: la parte más larga, más difícil y más horrible del reto quedaba a nuestras espaldas. Lo habíamos logrado. Pronto estaríamos de regreso a casa.

24

A VECES, SI CIERRO LOS OJOS Y ME CONCENTRO CON bastante fuerza, puedo recordar todas las veces que me han dicho que iba a fracasar. Aún puedo ver al director de mi escuela de secundaria con su mano estirada hacia mí y una sonrisa falsa en su cara mientras susurraba que algún día yo terminaría en la cárcel.

Puedo ver a incontables entrenadores deportivos, maestros y padres de personas que yo creía que eran mis amigos, todos mirándome con desaprobación o desilusión, diciéndome que había desperdiciado cualquier talento que tuviera y que no era otra cosa, sino una mala influencia.

Recuerdo a mi mamá en los momentos más bajos de su tristeza y depresión diciéndome que deseaba que yo nunca hubiera nacido.

Por mucho tiempo intenté bloquear esos recuerdos, y lo hice bastante bien. Necesitaba hacerlo, porque siempre que bajaba la guardia y daba a esos oscuros recuerdos cierto espacio para moverse, al instante lo lamentaba.

Como la primera vez que corrí un ultramaratón. Estaba nervioso desde el principio, pero a medida que recorría la distancia y pasaban las horas, comencé a dudar de mí mismo.

¿Quién era yo para alinearme al lado de todos esos otros corredores que sabían lo que estaban haciendo?

¿En qué estaba pensando al intentarlo y correr cuarenta y ocho kilómetros sin apenas entrenamiento?

¿Era en realidad un necio por pensar que podía hacerlo?

Mientras esas voces eran más fuertes en mi interior, las respuestas llegaron pronto.

No eres nada.

No eres bueno.

Nunca vas a terminar.

Cuando quedaban seis skilómetros para la meta, demostré que esas voces tenían razón. Abandoné.

Eso fue unas semanas antes de mi primer ultramaratón por etapas, la carrera de 250 kilómetros del Kalahari que Lucja había visto la primera en el libro que yo le había regalado para su cumpleaños. En los días posteriores a abandonar en mi primer ultramaratón, las voces de duda en mi interior eran cada vez más fuertes. Cuando amigos me preguntaban si de verdad creía que era capaz de correr tanta distancia, dado que no había podido finalizar apenas cuarenta y ocho kilómetros, yo estaba casi convencido de que tenían razón.

¿Quién era yo para pensar que podía hacerlo?

No soy nada.

No soy bueno.

Nunca voy a tener éxito.

Pero sucedió algo entre abandonar en la carrera de cuarenta y ocho kilómetros y comenzar la del Kalahari. Deseaba poder decir que yo tuve un rayo de luz o una gran secuencia de entrenamiento, como en mi película favorita de todos los tiempos: *Rocky*.

No fue así.

Simplemente decidí hacer todo lo posible para ignorar las voces que me decían que yo era un fracaso.

Siempre que comenzaban a surgir en mi interior esos susurros tóxicos, decidía contarme a mí mismo una historia mejor.

Puedo hacerlo.

No soy un fracaso.

Voy a demostrar a todos que están equivocados.

Nuestro vuelo de salida de Beijing era a última hora de la Nochevieja. Me pasé el día limpiando el apartamento, paseando a Gobi, y despidiéndome de los muchachos en el restaurante japonés que habían servido Kimchi hot pot, sushi, ensalada y amistad casi diariamente. Ellos incluso me regalaron una botella del aliño secreto de ensaladas que yo había llegado a ansiar.

Mientras esperábamos a que Kiki nos recogiera en el apartamento esa noche, Gobi sabía que algo sucedía. Estaba más nerviosa de lo que yo la había visto nunca, corriendo rápidamente por el apartamento vacío. Cuando finalmente salimos del bloque de apartamentos por última vez, Gobi salió corriendo hacia el auto de Kiki como si estuviera hecho de beicon.

Yo estaba un poco más tranquilo.

Me senté y observé pasar las farolas de la calle, pensando en las personas y los lugares que se habían vuelto tan importantes para nosotros durante los cuatro meses y cuatro días que habíamos pasado en Beijing.

Pasamos por el gimnasio del hotel donde yo había intentado con tanta fuerza mantener al día mi entrenamiento. Pensé otra vez en todos esos momentos en que la Internet se había interrumpido y tuve que dejarlo después de solo una hora sobre la cinta andadora. Todo eso me resultaba frustrante, pero nada más. Una prueba de todo lo que había cambiado en mi vida era que había podido soltar eso con mucha facilidad.

Estaba la organización Little Adoption Shop, donde trabajaba Chris. Sin él y sus consejos a Lu Xin sobre cómo dirigir la búsqueda de Gobi. Yo sabía que nunca la habríamos encontrado. Sin Chris, ¿quién sabía dónde estaría ella ahora?

Pensé en todas las otras personas que había conocido en Beijing, y también en las que estaban en Urumqi. Era difícil dejar atrás a tantas personas estupendas, en especial porque mi tiempo en China había cambiado por completo mi punto de vista sobre el país y su gente.

Si soy sincero, cuando llegué a China para la carrera del Gobi mi perspectiva sobre los chinos era un poco estereotipada. Creía que eran serios y cerrados, rudos e insensibles. En ese primer viaje desde Urumqi hasta donde comenzaba la carrera, vi en la gente tan solo lo que esperaba ver; no es extraño que el lugar no me resultara muy atractivo.

Pero todo lo que sucedió con Gobi cambió mi perspectiva. Ahora sé que los chinos son gente amable, genuina y hospitalaria. Cuando te dejan entrar en sus corazones y en sus hogares, son increíblemente generosos y muy amables. Una familia a la que nunca había conocido pero que había seguido la historia me prestó una bicicleta eléctrica de mil dólares durante lo que durase mi estancia; no me pidieron nada a cambio, ni siquiera un selfie con Gobi.

Las personas eran así también en Urumqi. La ciudad misma podría estar llena de cámaras de televisión en circuito cerrado y guardas de seguridad fuera de los parques públicos, pero las personas son de las más amigables, más generosas y más bondadosas que he conocido jamás. Me agrada tener una conexión con ellas, y sé que no pasará mucho tiempo antes de que regrese allí.

Y también está Kiki. Ella quiso ayudarnos cuando todos los demás decían no. Viajó hasta Urumqi para asegurarse de que Gobi saliera de allí seguramente, y pasó los cuatro meses que estuvimos en Beijing en un estado de tensión nerviosa, sintiéndose responsable no solo del bienestar de Gobi, sino también de mi bienestar. Yo la llamaba a cualquier hora del día o de la noche con todo tipo de preguntas: ¿Cómo pago para tener más electricidad? Gobi no se siente bien, ¿qué hago? ¿Dónde voy para comprar mascarillas anti contaminación? Ella nunca estaba demasiado ocupada o demasiado cansada para ayudar, y ni una sola vez se quejó cuando le pedía si podía quedarse unos días con Gobi mientras yo estaba fuera de la ciudad. Incluso me enviaba actualizaciones en video cada dos horas, y me mantenía totalmente al día sobre todas las maneras en que su equipo cuidaba y mimaba a Gobi. Kiki también puso a mi disposición a su equipo. Sus conductores nos llevaron a todo lugar, me llevaban provisiones al apartamento, se ocupaban del papeleo, y también de incontables detalles. Ellos hicieron más de lo que yo podría haber pedido.

Estacionamos en el aeropuerto, sacamos las maletas, y dejé que Gobi hiciera sus necesidades una última vez antes de meterla en su caja especial para perros en la que había estado durante la mayor parte del viaje.

La ley del Reino Unido prohíbe que los perros vayan en la cabina en ninguno de los vuelos, ya sea para entrar o salir del país. Después de que hubiera estado tan traumatizada por viajar en la bodega cuando salimos de Urumqi, yo prometí que nunca volvería a viajar allí abajo. Eso significaba que nuestro viaje de regreso iba a ser largo y complicado: un vuelo de diez horas a París, un viaje en auto de cinco horas hasta Ámsterdam, un ferri en la noche durante doce horas cruzando hasta Newcastle en el norte de Inglaterra, y otro viaje en auto de dos horas y media hasta nuestra casa en Edimburgo. Con todas las esperas añadidas, la aventura completa nos tomaría cuarenta y una horas.

Habíamos pagado a propósito dinero extra para ir en business y asegurarnos de que Gobi estuviera cómoda y pudiera ir a mi lado en la cabina. Me sentí bastante bien mientras caminaba hasta el mostrador, y me vieron enseguida. Entregué mi pasaporte a la mujer que había allí, di un paso atrás, y pensé en lo mucho que había cambiado la vida para Gobi. Seis meses antes ella vivía en el borde del desierto de Gobi, lo bastante desesperada por sobrevivir como para correr tres maratones al lado de un completo desconocido. Ahora estaba a punto de volar en primera clase, de entre todos los lugares, hasta la ciudad chic de París.

Me desperté de mi sueño despierto por el sonido de Kiki que mantenía una conversación cada vez más fuerte con la señora china en facturación. Durante mi tiempo en China, había llegado a entender que siempre que sube el volumen en una conversación, se están cociendo problemas. Cerré los ojos, escuchando cómo cualquier problema que Kiki se hubiera encontrado era cada vez más grande.

—¿Qué sucede, Kiki?

—¿Hiciste la reserva del vuelo para Gobi?

Fue como si todo el aire que me rodeaba se viciara de repente.

—No lo hice —respondí—, pensé que lo harías tú.

Kiki meneó la cabeza.

—Se suponía que lo haría Lucja.

Kiki regresó al mostrador, y continuó la conversación. Yo llamé a Lucja.

—¿Hiciste la reserva para Gobi?

—No —dijo ella—. Se suponía que lo haría Kiki.

Era obvio que era un simple malentendido entre las dos. Ambas habían estado tan ocupadas organizando tantas cosas desde extremos opuestos del mundo, que ese pequeño detalle se había pasado por alto; y yo estaba seguro de que iba a ser relativamente sencillo arreglarlo. Quizá un poco caro, pero bastante sencillo.

—Kiki —dije yo dándole unos golpecitos en el hombro—, tan solo consigue que me digan cuánto va a costar, y podremos hacerlo.

Ella meneó negativamente la cabeza.

—Dice que no puede hacerlo. No hay modo de meter a Gobi en el sistema ahora. Es imposible.

Cerré los ojos e intenté tomar el control de mi respiración. Inspirar, expirar. Mantén la calma, Dion. Mantén la calma.

Llegó otra persona al mostrador de facturación y se incorporó a la conversación, subiendo el volumen un par de niveles más. Ahora Kiki estaba al máximo, señalándonos a Gobi y a mí por turnos. Yo no podía hacer otra cosa, sino quedarme allí y sentir pánico en silencio.

Todos los papeles que teníamos para permitir la entrada de Gobi al Reino Unido estaban hechos a medida para nuestro viaje. Eso significaba que si llegábamos a Newcastle más tarde de la medianoche del día 2 de enero, todo quedaría invalidado, y tendría que hacer que otro veterinario examinara a Gobi y le diera autorización. En el mejor de los casos, eso añadiría otro día o dos al viaje; en el peor, podría tomar otra semana.

Un tercer oficial se unió a los dos que estaban tras el mostrador, y cuando lo hizo, la atmósfera cambió. El volumen descendió, y él escuchaba mientras Kiki hablaba.

Después de unas palabras del jefe, Kiki se dirigió a mí.

—Gobi no tiene reserva en este vuelo —dijo.

Yo sabía lo que pasaría a continuación, que tendríamos que hacer la reserva para ella en el siguiente vuelo de salida, pero eso tendría un costo extra.

—Ve a aquel mostrador de allí —dijo Kiki, señalando a otro mostrador cercano de Air France—, paga doscientos dólares, y él dice que podrá viajar.

Yo me quedé asombrado.

—¿Viajar en *este* vuelo?

—Sí.

No desperdicié ni un segundo. Pagué el dinero en el otro mostrador y regresé para que me dieran mi tarjeta de embarque.

—Les dije que Gobi es una perrita famosa —dijo Kiki, y sonrió mientras esperábamos—. Ellos conocen la historia y querían ayudar.

En cuanto tuve mi pasaporte y mi tarjeta de embarque en el bolsillo, todo fueron selfies con Gobi y sonrisas para el personal de facturación.

Finalmente me despedí de Kiki en el control de pasaportes, y después fui hacia seguridad exhalando una tonelada de estrés mientras caminaba.

—Espere un momento —dijo una mujer mientras comenzaba a volver a ponerme los zapatos—, vaya con él.

Levanté la vista para ver a un hombre de aspecto serio que me miraba fijamente desde el costado de los escáneres. Agarré a Gobi, que iba en su caja, y mi equipaje, y lo seguí por un pasillo estrecho. Él me indicó que entrara en una sala escasa y sin ventanas que no tenía mucho más que una mesa, dos sillas, y una papelera grande llena de mecheros confiscados y botellas de agua.

Mantén la calma, Dion. Mantén la calma.

El tipo miró mi pasaporte y mi tarjeta de embarque y comenzó a teclear en la computadora. Pasaron minutos, y él seguía sin hablar. Me preguntaba qué había hecho o dicho yo que pudiera haberme metido en problemas. Sabía que mi visado no había caducado, y habían pasado semanas desde que había dado una entrevista. ¿Podrían ser las pastillas que me había dado Lucja para ayudar a mantener tranquila a Gobi durante el vuelo?

Escribió más. Más silencio. Entonces, de repente, habló.

—Examinemos al perro.

Se me cayó el alma a los pies. Sabía que doscientos era un precio demasiado barato para solucionar las cosas; y sabía que Kiki ya se habría ido, y aunque yo tenía un archivo lleno de documentos del veterinario, incluidas pruebas de que las vacunas de Gobi estaban actualizadas y que había pasado el examen de noventa días requerido antes de poder llevarla al Reino Unido, no tenía ninguna posibilidad de explicarle nada a nadie. Sin Kiki, yo estaba a merced de la burocracia china.

El hombre dejó de teclear, levantó el teléfono, y habló durante un momento.

—Espere un minuto —dijo cuando colgó y regresó otra vez a su teclado.

Gobi seguía en su caja, la cual seguía agarrando en mi regazo. Entre la red de malla podía ver que ella me miraba. Quería decirle que todo iba a salir bien, quería sacarla y acurrucarla para asegurar eso, a ella y también a mí mismo, pero no valía la pena correr el riesgo de hacerlo.

Así que esperé. Fue el minuto más largo de mi vida.

Sonó el teléfono. Yo escuchaba una parte de la conversación, sin tener idea de lo que se estaba diciendo o cuál podría ser el resultado.

—Muy bien —dijo él por fin—. El perro puede volar. Puede irse.

—¿Dónde? —pregunté.

—Puede volar.

Me apresuré a salir al pasillo, pasé los escáneres, y por fin llegué a la terminal. Encontré una puerta vacía y saqué a Gobi para darle de beber. Escuché a unas personas francesas que estaban cerca hacer una cuenta atrás y después vitorear. Miré mi reloj. Era medianoche. El año más destacado de mi vida había terminado, y estaba a punto de comenzar la aventura siguiente.

—Escucha, Gobi —le dije—, ¿oyes eso? ¡Significa que por fin lo logramos! Hemos llegado hasta aquí, y estamos a punto de irnos. Va a ser un viaje largo, pero confía en mis palabras cuando digo que valdrá la pena. Cuando lleguemos a Edimburgo lo verás; la vida va a ser asombrosa.

Air France se aseguró de que el asiento contiguo al mío estuviera vacío, para que aunque Gobi tuviera que quedarse dentro de su caja durante el viaje, lo hiciéramos con estilo. Ella estaba un poco inquieta cuando despegamos, pero en cuanto pude poner su caja en mi regazo, se calmó otra vez.

Miré el mapa de vuelo y esperé hasta que voláramos por encima del desierto de Gobi. Puse una sonrisa en mi cara al ver que salía Urumqi y pensar en el modo en que una ciudad de la que no sabía nada un año antes se había vuelto tan importante para mí ahora.

Bajaron las luces de la cabina, y los otros pasajeros se quedaron dormidos. Yo convertí el asiento en una cama y silenciosamente saqué a Gobi de la caja. Ella había comenzado a inquietarse un poco otra vez, pero en cuanto se acurrucó en mi brazo, cayó en un sueño profundo, muy profundo.

Cerré los ojos y recordé la sensación de correr en el día largo. Podía sentir otra vez el calor, el modo en que el aire era tan cálido que amenazaba con quemar mis pulmones. Vi a Tommy batallando por seguir en pie y recordé la desesperada búsqueda de una sombra. También recordé que aunque yo me sentía mareado e indispuesto, y preocupado por no poder salir vivo de allí, supe que si lo lograba, haría todo lo posible para asegurarme de que Gobi y yo pasáramos juntos el resto de nuestras vidas.

No pude retener las lágrimas cuando vi a Lucja en el aeropuerto Charles de Gaulle. Gobi, por otro lado, no pudo retener las catorce horas de pipí que su pequeño riñón había acumulado. Llevaba conmigo pañales para perros e intenté que hiciera sus necesidades en el avión, pero ella se había negado. Cuando estuvo de pie sobre el piso muy bien pulido en medio del vestíbulo, fue cuando al fin se sintió lista para hacerlo.

Yo estaba seguro de que el resto del viaje a casa iba a ser un asunto sencillo, e incluso nos desviamos a la ciudad para enseñarle a Gobi la Torre Eiffel y el Arco de Triunfo. Después de eso nos dirigimos primero hacia el norte de Bélgica, y después a Ámsterdam y a la casa del tío, tía y primos de Lucja.

Ver la emoción de ellos al conocer por primera vez a Gobi me recordó la manera en que las personas habían respondido a la historia de Gobi en 2016. El año habia ido a la historia de Gobi en 2016. me recor a ser un asunto sencillo, e incluso nos desviamos a la ciudad para enseñaría estado lleno de noticias tristes, desde muertes de celebridades a ataques terroristas. Gran parte del mundo había estado dividido por la política, pero yo había leído muchos comentarios de personas que sentían que Gobi era una de las pocas historias de buenas noticias que les hicieron recuperar la fe en la naturaleza humana. En un año marcado por la tristeza y el miedo, la historia de Gobi fue un faro de luz.

Tras una ducha y un descanso, Lucja, Gobi y yo nos despedimos de la familia y continuamos el camino hacia la terminal del ferri que estaba al otro lado de la esquina de la casa. Lucja había pasado semanas persuadiendo a la empresa del ferri para que pasara por alto la norma que obligaba a los dueños de perros a dejar a sus mascotas en sus autos o mantener a los perros en las perreras que ellos proporcionaban a bordo. No había manera alguna en que eso funcionara para Gobi, y al final estuvieron de acuerdo en que podíamos tenerla con nosotros en una cabina.

Por eso pensé que el viaje a bordo sería fácil y que íbamos a estar bien. Nada podía salir mal, ¿o sí?

Bueno, sí, sí podía salir mal; y así fue. Casi.

En el momento en que entregamos el pasaporte de mascota de Gobi en el mostrador de facturación, el ambiente cambió. La mujer que estaba detrás del mostrador hojeaba rápidamente las páginas, con una expresión de confusión total en su rostro.

—¿Necesita alguna ayuda? —dijo Lucja en holandés—. ¿Qué está buscando?

—No puedo leerlo —dijo ella—. Está todo en chino. Si no puedo leerlo, no puedo dejarles subir.

Ella llamó a su superior, y los dos volvieron a hojear las páginas.

—No podemos leerlo —dijo el jefe—. No pueden ustedes subir a bordo.

Lucja había pasado varias semanas aprendiendo sobre los diversos requisitos para que un perro pudiera cruzar fronteras, y conocía las reglas perfectamente. Con atención y calma les mostró a los dos qué sellos se relacionaban con qué vacunas, pero fue inútil. No iban a cambiar de opinión, y hasta que lo hicieran, Gobi estaba atrapada en Holanda.

Entonces recordé el montón de documentos que Kiki me había entregado para cuando llegáramos al control de fronteras del Reino Unido. Era la misma información pero en inglés. Les entregué todo, los observé examinar los papeles atentamente, y les escuché finalmente hacer algunos sonidos alentadores.

Por fin, cuando solo quedaban unos minutos, recibimos una sonrisa y un sello en el pasaporte de Gobi. Podíamos seguir.

A la mañana siguiente, al salir del ferri Lucja y yo nos miramos el uno al otro con nerviosismo. ¿Nos detendrían en el control de fronteras del Reino Unido? ¿Encontrarían algún fallo en los documentos y enviarían a Gobi a Londres para un periodo extra de cuarentena? Nos acercamos a la caseta, nos agarramos de la mano, y nos sorprendió que nos indicaran que siguiéramos. No hubo revisiones. Ninguna dificultad ni retraso. Gobi estaba en el Reino Unido.

El viaje en auto hasta el norte de Escocia fue lento y tranquilo, y mientras pasábamos al lado de colinas bajas y páramos abiertos, dejé volar mi mente. Pensé en la promesa que le había hecho a Gobi y en los seis meses que tuvieron que pasar para que se cumpliera. Volví a pensar en todas las personas que habían donado dinero para ayudar, en los voluntarios que pasaron día y noche en la búsqueda, y en todas las personas en el mundo entero que enviaron mensajes de apoyo y oraron por nosotros. No fui solamente yo quien hizo que todo sucediera; fue el poder colectivo de personas generosas y amorosas.

Esos pensamientos llenaron mis ojos de lágrimas. El mundo era todavía un lugar amoroso y bueno.

Cuando el largo viaje hasta casa llegaba a su fin, subimos una colina y nos quedamos mirando el paisaje. Todo Edimburgo estaba ante nosotros: Arthur's Seat, la montaña que hace guardia sobre la ciudad, la playa al este, las colinas Pentland al oeste. Era un hermoso día, no solo por el cielo despejado y el aire limpio, y ni siquiera porque yo cumplía cuarenta y dos años.

Era perfecto debido a una sencilla y única razón.

Estábamos juntos.

Llegamos hasta la ciudad, con el auto en silencio pero nuestras cabezas y nuestros corazones llenos. Al girar hacia nuestra calle, me di cuenta de que nunca había pensado en cómo sería realmente entrar por la puerta de mi casa con esa notable perrita acurrucada bajo mi brazo.

Nunca pensé en ello porque nunca me permití a mí mismo creer que se haría realidad. Todo el engaño, todo el miedo, toda la preocupación habían tenido un gran peso sobre mí, y nunca me había permitido el lujo de creer que finalmente lo lograríamos.

Pero cuando se abrió la puerta y vi a buenos amigos y seres queridos en el interior, oí el sonido de los corchos de botellas de champán y los vítores de personas que estaban allí para celebrarlo con nosotros, supe claramente cómo sería.

Sería el comienzo de una nueva aventura maravillosa.

Las horas y los días que siguieron estuvieron ocupados de maneras que me recordaron a Urumqi. Un equipo de televisión había viajado desde Australia para grabar nuestro regreso a casa y entrevistarme. Recibimos llamadas de periodistas de todo el mundo; a unos los conocía bien, y con otros no había hablado nunca. Todos ellos querían saber cómo lo había pasado Gobi en el viaje y qué tipo de vida tenía ahora por delante.

Les dije a todos que se estaba adaptando rápidamente a esta nueva vida, y que ella y la gata Lara ya habían formado equipo y se habían adueñado conjuntamente del sofá en nuestra sala. Dije que Gobi era una inspiración en el modo en que había manejado el viaje al igual que había manejado cada reto que se le presentó desde que nos encontramos. Les dije que estaba orgulloso de ella.

Pero eso era solo parte de la historia. Serían necesarias más de un puñado de respuestas para decir todo lo que quería decir sobre Gobi; y compartir los aspectos en que encontrar a Gobi me había cambiado me tomaría mucho más tiempo, especialmente porque era consciente de que esta nueva vida no había hecho más que comenzar.

Solo Gobi conoce la respuesta a muchas de las preguntas: ¿Por qué estaba vagando en el Tian Shan? ¿Por qué me escogió a mí? ¿Qué sucedió cuando se perdió?

Lo que más importaba entonces y lo que más sigue importando ahora es lo siguiente: desde el momento en que dije sí a Gobi, mi vida ha sido diferente. Gobi ha aumentado el contraste; ella ha añadido a todas las cosas buenas en mi vida y ha llevado sanidad a algunas de las malas.

La cadera de Gobi se ha curado, y le ha vuelto a crecer el pelo donde tuvieron que rasurarla para la operación. No grita de dolor si le tocan el costado sin querer, y cuando camina por terreno blando, a veces levanta ligeramente la pata. El veterinario en Edimburgo dice que es como un hábito de la memoria porque poner peso sobre esa cadera solía ser doloroso. Cuando Gobi y yo corremos ahora por las colinas y los caminos, su zancada es perfecta, y seguirle el ritmo es casi tan difícil como lo era en el desierto de Gobi.

Aquella primera noche en que finalmente estuvimos todos juntos, Gobi y Lara establecieron su residencia a los pies de la cama, y yo volví a escuchar el familiar silencio del hogar. Lucja se dio la vuelta hacia mí y me preguntó en voz baja qué quería hacer la mañana siguiente. No teníamos nada planeado, y las primeras horas del día eran para nosotros.

Yo sabía exactamente lo que quería. Miré a Gobi y después volví a mirar a Lucja.

—Vayamos todos a correr.

Reconocimientos

CHINA HA PRODUCIDO MUCHO BIEN EN MI VIDA, Y estoy agradecido por haber pasado tanto tiempo allí. En un país de más de mil millones de almas, he conocido a algunas de las personas más generosas, consideradas y bondadosas que podría esperar conocer jamás.

Kiki Chen fue la única persona que estuvo a nuestro lado desde el principio e hizo que sacar a Gobi de China pudiera suceder realmente. Chris Barden fue un hombre que verdaderamente «susurra a los perros» y que formó nuestro equipo de búsqueda, y fue fundamental para encontrar a Gobi. Le debo mucho a Lu Xin. Ella nunca dejó de buscar a Gobi y me mostró cómo es la generosidad verdadera. Jiuyen (Lil) fue más que una traductora, y sus palabras me ayudaron cada día en las circunstancias más difíciles. Estoy profundamente agradecido a todos los voluntarios que buscaron día y noche a una perrita que no habían visto nunca, para ayudar a un tipo que no conocían. Nunca podré agradecérselo lo suficiente, pero espero que sepan lo importantes que ellos son para esta historia.

A la familia Ma le debo mucha gratitud por encontrar a Gobi. El apoyo y la dirección de World Care Pet's no tuvo rival, y el equipo de

World Care Pet en Beijing mostró a Gobi amor incondicional, cuidado y dedicación a todas horas.

Aún sonrío cuando pienso en los momentos que pasé con los muchachos de Urumqi en el restaurante Lvbaihui Tribes Barbecue (especialmente cuando recuerdo el aguardiente que me dieron. ¡Ganbei Maotai!).

Extraño a mis hermanos en Beijing de Ebisu Sushi y me enorgullece poder decir que la ciudad de Urumqi es mi ciudad natal en China. No conozco una ciudad más servicial, amable y generosa en la tierra.

Los medios de comunicación chinos mostraron apoyo y dedicación por nuestra historia y el amor que contenía.

En casa en el Reino Unido, reunirme con Gobi no podría haber sucedido sin Lisa Anderson, quien cuidó de Lara e hizo que nuestra casa siguiera siendo un hogar. Iona, Kris, Tony y Gill son solo algunas de las personas maravillosas que apoyaron a Lucja en toda la experiencia. Y Ross Lawrie, tengo una sola cosa que decirte: ¡Bobby deslumbrante!

Los medios han desempeñado un papel muy importante en esta historia. Jonathan Brown del *Daily Mirror* fue el primer reportero que llevó la historia a la prensa, Judy Tait llevó la historia a Radio 5 Live de la BBC, y el presentador Phil Williams nos apoyó desde el principio. Ellos vieron la historia de maneras que yo no veía, y dirigieron el camino al compartirla con los demás.

Un apoyo que no tiene precio ha venido también de la BBC UK y World Services, Christian DuChateau en al CNN, Amy Wang en el *Washington Post*, Deborah Hastings, en *Inside Edition*, Oliver Thring en el *Times*, Victor Ferreira en el *Canadian Post*, Nick Farrow y Steve Pennels en el Canal 7 Australia, Pip Tomson en *Good Morning Britain* de la ITV, y el podcast de *Eric Zane Show*.

A todos los muchos otros periodistas y presentadores de radio y de televisión que cubrieron la historia, estoy agradecido por su ayuda al compartir nuestro viaje.

Muchas personas han donado dinero, enviaron mensajes de amor y apoyo, u oraron cada día por nosotros. Ellos no solo creyeron en nosotros, sino que también hicieron que todo esto fuera posible.

También estoy agradecido a Winston Chao, Mark Webber por el tweet (Aussie Grit!), y al Dr. Chris Brown por su ayuda, conocimiento y dirección. Richard Henson fue toda una leyenda que recorrió el camino hasta Urumqi para ayudar. WAA Ultra Equipment ha estado a mi lado, y William Grant and Sons son los jefes más amables que un hombre podría desear. También quiero dar las gracias a DFDS Seaways y Air China.

Por último, estoy agradecido a Team Dion y Gobi. Gracias a su hija Quinn, Paul De Souza hizo que todo esto fuera una realidad. Jay Kramer ofreció un apoyo, consejo y experiencia inestimables. Matt Baugher nos respaldó y creyó en nosotros, y les debemos a él y a todo el equipo en W Publishing, Thomas Nelson y HarperCollins una inmensa gratitud por trabajar tan duro con una fecha límite tan apretada. La visión, guía y paciencia de Craig Borlase al dar forma a este libro fue increíble.

Acerca del autor

DION LEONARD ES UN AUSTRALIANO DE CUARENTA Y
dos años que vive en Edimburgo (Escocia). Dion no solo ha completado, sino que también ha competido en algunos de los ultramaratones
más duros del mundo, cruzando algunos de los paisajes más inhóspitos,
incluyendo el brutal desierto marroquí del Sahara, dos veces en los
250 km del Maratón des Sables, y otras dos veces en los 250 km del
desierto del Kalahari en Sudáfrica.

La última carrera de 250 km de Dion por el desierto de Gobi en
China resultó ser una carrera totalmente diferente, en la que se enamoró
de una perrita callejera (más adelante le puso el nombre de Gobi) que
lo siguió durante la semana y cambió las vidas de ambos para siempre.